墨香财经学术文库

“十二五”辽宁省重点图书出版规划项目

The Measurement, Causes and Economic Effects of Transforming from Substantial to Fictitious of China's Non-financial Firms

张 军 ◎ 著

中国实体企业“脱实向虚”的测度、成因分析与经济效应研究

东北财经大学出版社
Dongbei University of Finance & Economics Press
大连

图书在版编目（CIP）数据

中国实体企业“脱实向虚”的测度、成因分析与经济效应研究 / 张军著. —大连：东北财经大学出版社，2023.3
（墨香财经学术文库）
ISBN 978-7-5654-4714-3

Ⅰ.中… Ⅱ.张… Ⅲ.企业管理-研究-中国 Ⅳ.F279.23

中国版本图书馆CIP数据核字（2022）第235635号

东北财经大学出版社出版发行
大连市黑石礁尖山街217号 邮政编码 116025
网 址：http://www.dufep.cn
读者信箱：dufep@dufe.edu.cn
大连图腾彩色印刷有限公司印刷

幅面尺寸：170mm×240mm 字数：185千字 印张：13 插页：1
2023年3月第1版 2023年3月第1次印刷
责任编辑：时 博 王兆勇 李 彬 高 鹏 责任校对：何 利
封面设计：冀贵收 版式设计：原 皓
定价：56.00元

教学支持 售后服务 联系电话：（0411）84710309

如有印装质量问题，请联系营销部：（0411）84710711

本书获得东北财经大学出版基金资助

前言

在我国经济由高速增长阶段向高质量发展阶段转变的关键时期，实体企业的健康持续发展至关重要。近年来，众多实体企业为了追逐短期超额收益，将大量持有资金配置于股市、房地产投资等金融领域，随之而来的是实体企业“脱实向虚”现象日益凸显。2007—2018年间，非金融类A股上市公司金融资产投资总规模呈现不断攀升的趋势，总规模由0.23万亿元激增至1.57万亿元，年均增长率约为19.08%。另外，涉足金融领域的企业数量也呈现不断攀升的态势，2007年有826家上市公司进行了金融资产投资，2018年则增加至2 185家，占当年非金融类上市公司企业总数的比重高达83.75%。

实体企业“脱实向虚”是宏观经济“脱实向虚”的重要微观逻辑，将直接影响金融部门的供给规模和经济结构。与此同时，实体企业也是实现经济高质量发展的主要载体。过度的金融投资会扭曲企业资金的配置效率和经营发展模式，引发实体企业“不务正业”“产业空心化”等诸多问题，继而对企业高质量发展造成严重阻碍。事实上，以实体企业“脱实向虚”为代表的经济“脱实向虚”问题已经引起了决策部门的高度重视，党的十九大报告和相关政策文件多次强调“必须把发展经济的着力点放在实体经济上”“从大国到强国，实体经济发展至关重要，任何时候都不能脱实向虚”。因此，要防治经济“脱实向虚”、提升经济发展质量，亟须准确测度我国实体企业“脱实向虚”的现状、厘清实体企业“脱实向虚”的成因、科学评估其对企业和行业的经济效应。

本书第一部分主要对我国实体企业“脱实向虚”进行测度，并据此分析近年来我国实体企业“脱实向虚”的现状和演化态势。第一部分是第2章，具体内容安排如下：首先，立足实体企业“脱实向虚”的内涵特征，综合考虑金融资产投资总额、进行金融投资企业数量、金融资产平均持有规模、金融投资份额多个层面的信息，构建多维度的综合指标体系来衡量实体企业“脱实向虚”，并进一步针对若干具有代表性的重点行业，构建行业“脱实向虚”指标体系。在此基础上，本章最后还分析了实体企业“脱实向虚”在不同区域之间的演化差异。

第二部分主要探究了实体企业“脱实向虚”的成因，包括第3章、第4章。在初步了解实体企业“脱实向虚”的现状后，随之而来的问题是，为何实体企业对金融化“趋之若鹜”，即实体企业“脱实向虚”的驱动因素为何？第3章从宏观经济环境、同伴企业相互传染、企业内部因素三个维度出发，深入探究了实体企业“脱实向虚”的成因。旨在系统、全面地剖析实体企业金融化的形成原因，为防治实体企业“脱实向虚”、引导资金流向实体企业等相关经济政策的制定提供实证依据和政策方向。在具体研究中，本书采用同伴效应模型从企业间传染因素、企业内部因素和宏观因素三个方面，重点研究了实体企业“脱实向虚”的驱动因素，并比较了各驱动因素的相对重要性。鉴于同伴效应在驱动实体企业“脱实向虚”过程中尤为重要，第4章从学习效应、产品市场竞争、管理层过度自信等渠道，专门研究了同伴效应现象及其存在机制。此外，行为金融领域的诸多研究认为同伴效应可能是群体性“非理性”的重要体现，是引发资本市场风险的重要逻辑，因此，第4章最后还研究了同伴效应对实体部门经营风险的影响。

第三部分从微观企业和中观行业两大视角研究了实体企业“脱实向虚”的潜在经济效应，包括第5章至第8章。从短期来看，金融投资的回报周期较短，且具有高风险高收益特征，企业可能通过“脱实向虚”的方式获取一定的短期超额收益，从而达到给财务报表“注水”的目的。也就是说，金融化在短期内对其总体利润率可能具有一定的改善作用，但其如何影响主营业务利润率尚不明晰。本书第5章在非金融企业金融化的基础上，阐释了我国实体企业“脱实向虚”对总体利润率和经营利润率的不同影响，并利用2007—2018年沪深A股非金融类上市公司样本进行了经验检验。长期而言，企业的竞争力主要源自产品市场竞争力、生产率和创新能力，本书第6章借鉴De Loecker和Warzynski（2012）的研究，将成本加成率视为产品市场竞争力的替代指标，在此基础上，构建了成本加成率、生产率测算框架，研究了实体企业“脱实向虚”对产品市场竞争力的影响。第7章进一步从创新投入、生产率以及融资成本等视角阐明了实体企业“脱实向虚”影响产品市场竞争力的作用机理。近年来优化资源配置问题已经引起了决策部门的高度重视，中央全面深化改革委员会第十五次会议和相关政策文件多次强调“要加快推进有利于提高资源配置效率的改革”“进一步优化完善资源配置的体制机制”。那么，作为经济“脱实向虚”重要微观表现形式的企业“脱实向虚”，究竟会对资源配置效率产生怎样的影响？本书第8章将成本加成率离散度作为行业内资源错配的重要衡量指标，从中观层面的行业资源配置效率视角研究实体企业“脱实向虚”的经济效应，并考察了实体企业“脱实向虚”如何通过产品市场竞争性、企业退出机制影响行业资源配置，这为评估实体企业“脱实向虚”的经济后果提供了新的证据，对于如何优化资源配置效率具有一定的现实意义。

本书大部分的内容是根据我的博士学位论文修改而成，在此，衷心地感谢我的博士生导师上海财经大学周亚虹教授和硕士生导师东北财经大学陈磊教授，他们的培养和帮助我一直铭记于心。同时，也感谢东北财经大学国际经济贸易学院对本书出版给予的大力支持，感谢东北财经大学出版社编校人员在本书编辑出版过程中所付出的辛勤劳动，他们的支持和帮助使得本书能够顺利出版。此外，本书初稿完成后，邀请部分学生修改了错别字及语句问题，他们分别是东北财经大学硕士研究生李娜、张哲、方立伟、李金库、张宝、索辰浩、张楠、马晶，在此一并表示感谢。最后，我还要感谢我的爱人于晓宇老师一直以来的陪伴和支持。由于作者水平有限，时间紧迫，本书难免有疏漏之处，恳请广大读者批评指正。

张　军

2022年11月7日

目录

1 绪论

1.1 研究背景

改革开放以来，中国经济经历了40余年的中高速增长，GDP占世界的比重由1978年的1.8%上升到2019年的16%以上，中国经济增长对世界经济增长的贡献率一度超过30%，在世界经济发展史上书写了“中国奇迹”。在这一过程中，金融发展对我国经济的持续快速增长功不可没，金融发展在提高资金使用效率、促进资本积累、缓解融资约束、吸纳社会就业等诸多领域，起到了不可忽视的重要作用（张成思和张步昙，2015）。然而，过度的金融发展也可能造成经济脆弱、经济泡沫以及金融与实体经济不匹配等问题，使得实体部门的经济资源逐渐转入金融部门。近年来经济“脱实向虚”问题已经成为我国经济发展过程中的突出问题，并引发决策部门和学术界的密切关注。

“脱实向虚”意味着来自实体部门的经济资源逐渐转入虚拟部门，广义的虚拟经济是指与资金循环流动有关，主要由金融体系支持、“用钱赚钱”的经济活动（成思危，2003），狭义的虚拟经济是指与虚拟资本运动有关的金融活动。因此，一些学者还使用金融化（Financialization）术语来表示“脱实向虚”（彭俞超等，2018；杨筝等，2019）[①]。从宏观经济视角来看，经济“脱实向虚”指的是金融部门的发展规模日益膨胀，金融业在国民经济中占比呈上升态势。根据国家统计局的数据[②]，金融业增加值占GDP的比重由1998年的5.06%上升至2019年的7.78%，特别是2008年全球金融危机后，金融业比重提高了近2个百分点。从全球来看，金融业增加值占GDP比重一般在4%左右，我国金融业的占比已超过美国、德国、日本、英国等主要发达国家。如果考虑了房地产业后，这一增长趋势更加明显，1998—2019年，金融业、房地产业增加值占GDP的比重由9.09%攀升至14.81%，上升了5.72个百分点。与之对比明显的是，工业增加值占GDP的比重呈现不断下降态势，20世纪90年代基本维持在40%以上，2019年这一比重下降至32.01%。以上数据显示，当前中国经济发展过程中，存在实体经济和虚拟经济结构失衡问题，以金融业为代表的虚拟经济增长过快，而以工业为代表的实体经济发展进程缓慢（黄群慧，2017）。

从微观企业视角来看，“脱实向虚”突出表现为：实体企业为了追逐短期超额收益，将大量持有资金配置于股市、房地产等金融领域，企业配置的金融资产规模日益庞大。例如，家电巨头海尔集团自2001年提出金融化战略以来，其金融资产投资已涵盖了证券、保险、银行、信托、房地产等多个金融板块，同行业的其他企业也纷纷跟进效仿，如长虹集团、TCL科技集团和海信集团等传统的家电企业也大力布局金融业务，设立投资公司、金融事业部、置业公司等。根据国泰安（CSMAR）数据的统计，2007—2018年间，非金融类A股上市公司金融资产投资总规模呈现不断攀升的趋势，总规模由0.23万亿元激增至1.57万亿元，年均增长率约为19.08%。另一方面，涉足金融领域的企业数量也呈现不断攀升的态势，2007年有826家上市公司进行了金融资产投资，2018年则增加至2 185家，占当年非金融类上市公司企业总数的比例高达

① 沿袭彭俞超等（2018）、杨筝等（2019）的定义，本书将“脱实向虚”和金融化的概念等同。

② 国家统计局统计数据库，http：//www.stats.gov.cn/tjsj/。

83.75%。这说明实体企业“脱实向虚”现象普遍存在于中国的非金融类上市公司中。平均而言，2007—2018年间，非金融类上市公司每年持有的金融资产规模在3亿元左右，即使对上市公司而言，这也是较为庞大的资金数额。

实体经济是一国经济的立身之本、财富之源。从根本上说，金融部门是服务于实体经济的，一旦脱离了实体经济，金融将失去其本身的意义，并且从历史经验来看，经济危机的出现往往与金融部门的过度发展紧密相关。相对于金融、房地产等虚拟经济部门，实体经济具有前期投入成本高、产出周期长、利润空间有限等特点。近年来，受国内外经济下行的影响，实体企业面临的挑战更为严峻，其主营业务经营往往处于微利状态，甚至面临亏损风险，因而众多实体企业开始迈向“脱实向虚”的道路。然而，在我国经济发展方式由高速增长阶段向高质量发展阶段转变的关键时期，高水平的实体企业和实体经济是实现高质量发展的根基和主体。

事实上，包括实体企业“脱实向虚”在内的经济“脱实向虚”问题已经引起了决策部门的高度重视，党的十九大、二十大报告和相关政策文件，都多次强调“必须把发展经济的着力点放在实体经济上”“从大国到强国，实体经济发展至关重要，经济发展任何时候都不能脱实向虚”。新冠肺炎疫情发生以来，各级政府更是把支持实体企业恢复发展放在突出位置，只有振兴实体企业和实体经济，推动金融与实体经济相辅相成、互促共进，我国经济才能实现持续健康发展。综上所述，以企业金融化为代表的实体企业“脱实向虚”是宏观经济“脱实向虚”的重要微观逻辑，将直接影响金融部门的供给规模和经济占比。与此同时，实体企业也是实现经济高质量发展的主要载体。因此，要防治经济“脱实向虚”风险、提升经济发展质量，亟需准确测度我国实体企业“脱实向虚”的现状、厘清实体企业“脱实向虚”的驱动因素、科学评估实体企业“脱实向虚”的经济效应。

本书利用2007—2018年沪深A股非金融类上市公司的资产负债表数据，构建了反映企业金融化演变动态的微观数据集，定量分析了实体企业“脱实向虚”的现状。在此基础上，本书采用同伴效应模型从企业间传染因素、企业内部因素和宏观因素三个层面研究了实体企业“脱实向虚”的成因，并比较了各驱动因素的相对重要性。接下来，鉴于同伴效应的重要性，本书专门研究了实体企业“脱实向虚”同伴效应的存在机制，并检验了实体企业“脱实向虚”的同伴效应是否存在资产异质性、非对称性和非理性风险，以此说明实体企业“脱实向虚”的同伴效应与实体部门经营风险的关系。进一步地，本书将研究视角转向实体企业“脱实向虚”的经济效应。从短期来看，利润是企业生存、开展生产活动的根本来源，而利润率则是反映企业经营状况的核心指标。在上述现实背景下，本书重点考察了“脱实向虚”如何影响企业利润率。从长期来看，企业的竞争优势主要取决于其产品市场竞争力。本书接下来研究对实体企业“脱实向虚”经济效应的考察聚焦在产品市场竞争力上。本书以成本加成率作为产品市场竞争力的代理变量，系统研究了实体企业“脱实向虚”对产品市场竞争力的影响，并从研发创新投入、企业生产率和融资成本多重视角出发检验了可能的作用机理。最后，本书将成本加成率离散度作为行业内资源错配的重要衡量指标，从中观层面的行业资源配置效率角度考察了实体企业“脱实向虚”的经济效应。

1.2 研究意义

1.2.1 现实意义

1.2.1.1 有助于决策部门准确研判我国实体企业“脱实向虚”的发展态势

在经济“脱实向虚”问题已经成为我国经济发展过程中的突出问题的现实背景下，本书立足实体企业“脱实向虚”的内涵特征，综合考虑金融资产投资总额、进行金融投资企业数量、金融资产平均持有规模、金融投资份额多个层面的信息，构建多维度的综合指标体系来衡量实体企业“脱实向虚”，剖析近年来我国实体企业“脱实向虚”的演化趋势和结构变迁，为决策部门准确研判实体企业“脱实向虚”

现状提供重要依据。在此基础上，本书试图建立重点行业、地区的“脱实向虚”指标体系，有助于各级政府、监管机构、行业协会构建多维度（企业、行业、地区和宏观）的监管体系和风险预警机制，规范企业金融投资行为，发挥金融投资的“蓄水池”功能，打击金融投机、炒作行为。

1.2.1.2 为决策部门有效治理实体企业“脱实向虚”提供实证依据

破解实体企业“脱实向虚”，必须要从根源上厘清企业缘何对金融资产投资“趋之若鹜”。本书从宏观经济环境、同伴企业相互传染、企业内部因素三个维度实证考察实体企业“脱实向虚”的驱动因素。研究结论为防治实体企业“脱实向虚”、引导资金流向实体企业相关经济政策的制定提供了针对性的实证依据，同时也从顶层设计、区域协同、内部控制三个方向为决策部门的工作重点提供了一定的参考。

1.2.1.3 有助于决策部门科学评估实体企业“脱实向虚”的风险后果，为防范企业经营风险的扩散提供参考价值

在后金融危机与新冠肺炎疫情双重影响下，实体企业要实现高质量发展并保持市场竞争力，需要更加重视风险防范。实体企业在追逐“高风险、高收益”的金融资产过程中可能出现“非理性”行为，进而加剧了企业经营风险。本书系统研究实体企业“脱实向虚”与企业经营风险、行业整体经营风险的关系，不仅有助于决策部门科学评估实体企业“脱实向虚”的风险后果，而且对于现阶段推进实体经济与虚拟经济协调发展、防范企业经营风险的扩散也具有重要参考价值。

1.2.2 学术价值

1.2.2.1 构建反映实体企业“脱实向虚”的综合指标体系

目前学术界对实体企业“脱实向虚”的测度方式存在争议：一类文献是行为视角观，主要采用企业金融资产投资占总资产比重来衡量（杜勇等，2017；彭俞超等，2018）。另一类文献是结果视角观，认为“脱实向虚”体现为企业的利润来源越来越依赖于金融部门，一般采用企业金融获利占净利润的比重来衡量（Krippner，2005；张成思，2019；刘贯春，2020）。本书结合实体企业“脱实向虚”的内涵，综合考虑金融

资产投资总额、进行金融投资企业数量、金融资产平均持有规模、金融投资份额多个层面的信息，构建多维度的综合指标体系来衡量实体企业“脱实向虚”，并据此分析实体企业“脱实向虚”的现状和演变趋势，这是对现有测度方法的扩展和总结。

1.2.2.2 采用同伴效应模型，从宏观经济环境、同伴企业相互传染、企业内部因素三个维度厘清实体企业“脱实向虚”的驱动因素

关于实体企业“脱实向虚”的形成原因，已有部分研究从定性和定量两个角度展开了初步的研究。从定性研究来看，Crotty（2005）、谢家智等（2014）从逻辑上指出金融投资收益相对实体投资收益的虚高是诱使实体企业“脱实向虚”的重要因素；随着公司治理观念的变化，企业的经营模式由长期发展导向转入短期股东价值导向，短期股票升值和机构投资者利益日益受到重视，这种股东价值理念的转变使得更多实体企业参与到金融投资中（蔡明荣和任世驰，2017）；还有学者从货币超发等宏观角度论证了实体企业“脱实向虚”的逻辑（黄奇帆，2018）。在定量研究方面，现有研究从微观层面的企业负债率、融资约束、管理层的人物特征等角度尝试解读实体企业“脱实向虚”的成因（Duchin等，2017；彭俞超和黄志刚，2018；杜勇和邓旭，2020）；还有一些学者实证考察了经济政策不确定性、经济周期等宏观因素是否驱动了实体企业“脱实向虚”（胡奕明等，2017；聂辉华，2020）。

可以看到，目前系统研究实体企业“脱实向虚”驱动因素的文献尚不多见，少量研究在分析实体企业“脱实向虚”的成因时，也仅关注企业内部因素或宏观因素中的某一特定方面，系统性的分析框架较为罕见。众所周知，实体企业的金融投资决策会受到企业内部因素和宏观经济环境的共同影响，将研究视角局限于某一特定方面，也就难以窥得实体企业“脱实向虚”成因的全貌。此外，鲜有研究考虑到同伴企业相互传染的重要作用，忽视了同伴效应对实体企业“脱实向虚”的影响。实际上，随着信息技术的发展和资本市场信息披露制度的不断完善，企业能够较为便捷地获取经营环境类似或地缘相近的同伴企业的信息。企业在进行金融决策时不仅仅局限于自身的经济环境和经营状况，它们往往会参考同伴企业的信息和经济特征（Park等，2017），因而深刻认识实

体企业“脱实向虚”现象离不开对同伴效应的讨论。本书从宏观经济环境、企业内部因素、同伴企业相互传染三个维度全面探究实体企业“脱实向虚”的驱动因素，为理解实体企业“脱实向虚”现象提供全面、新颖的视角。

1.2.2.3 从微观企业和中观行业视角将文献对实体企业“脱实向虚”经济后果的理解向前推进一步

虽然已有部分文献开始关注到实体企业“脱实向虚”的经济效应，这些文献对企业实体投资、企业创新、企业价值关注较多，但对主营业务利润率、产品市场竞争力和资源配置效率等视角关注不足。关于产品市场竞争力，产业组织理论认为成本加成率是衡量企业产品市场竞争力的关键指标，成本加成率反映了企业将价格维持在边际成本之上的能力，该指标既包含了企业的生产效率，也包含了企业的产品定价能力（De Loecker and Warzynski，2012），因此，诸多研究认为，企业成本加成率是产品市场竞争力的综合“指示器”（任曙明和张静，2013；毛其淋和许家云，2016；许明和李逸飞，2020）。就资源配置效率而言，从理论上来说，如果所有企业的成本加成率都相同，那么该经济可以实现资源的最优配置。成本加成率的离散程度越高，说明低成本加成率企业存在生产过度，而高成本加成率企业存在生产不足，从而整个经济存在着巨大的效率改进空间，也就说明资源错配的程度越严重（Opp等，2014；Lu和Yu，2015；李艳和杨汝岱，2018）。本书考察了实体企业“脱实向虚”在微观企业、中观行业层面的经济效应。具体而言，本书实证检验了实体企业“脱实向虚”对微观层面的企业总体利润率、主营业务利润率、产品市场竞争力、企业生产率、融资成本的影响，以及对中观行业层面的产品市场竞争性、资源配置效率的影响，这应当是对现有研究的一个有益补充，并且为决策部门推进实体经济与虚拟经济协调发展、防范企业经营风险的扩散提供了重要参考价值。

1.3 研究思路与研究内容

1.3.1 研究思路

近年来，实体企业“脱实向虚”现象是我国经济运行中面临的一个突出问题。首先需要研究的问题是中国实体企业“脱实向虚”的现状如何？本书以非金融类上市公司为研究对象，利用企业资产负债表数据建立了刻画实体企业“脱实向虚”的微观数据集，定量分析了实体企业“脱实向虚”的演化动态，发现“脱实向虚”广泛存在于中国实体企业中，并且企业金融投资规模呈现不断攀升的态势。

其次，在初步了解实体企业“脱实向虚”的现状后，随之而来的问题是，为何实体企业对金融资产投资“趋之若鹜”，即实体企业“脱实向虚”的形成原因是什么？本书基于同伴效应模型从企业间传染因素、企业内部因素和宏观因素三个维度，探究了实体企业“脱实向虚”的形成原因。研究结论显示，企业间的同伴效应、企业内部的金融投资收益率与实体投资收益率的差异、股权集中度、财务杠杆率等因素是实体企业“脱实向虚”的重要成因，宏观层面的广义货币供给、金融市场表现对实体企业“脱实向虚”也有着重要驱动作用。其中，同伴效应的作用尤为突出。

再次，鉴于群体性模仿行为对理解实体企业“脱实向虚”现象极其重要，并且金融投资中这种竞相模仿行为存在着潜在的非理性风险和极强的外部性，对金融体系稳定和实体经济发展影响重大。本书接下来专门考察了企业缘何模仿其同伴企业的“脱实向虚”行为，并从实体经营风险的视角分析了这种群体性模仿行为对实体经济的潜在影响。本书通过研究发现，信息学习效应、产品市场缺乏有效竞争、管理层过度自信是企业竞相模仿的重要缘由。并且，实体企业“脱实向虚”的同伴效应存在一定的非对称性、非理性风险，不仅增加了企业主营业务亏损的可能性，同时加剧了企业主营业务收入的波动性，进而带来企业实体经营风险的增加。此外，由于风险在不同企业之间传染、扩散，上述同伴效应还增加了整个行业的经营风险。

最后，本书将研究焦点转入对实体企业“脱实向虚”经济效应的考察。其一，从短期来看，利润是企业生存、开展生产活动的根本来源，而利润率则是反映企业经营状况的核心指标。当前我国实体经济陷入了利润率低迷的困境，许多制造业企业纷纷转向金融领域以弥补利润率的下降（谢富胜和匡晓璐，2020）。在上述现实背景下，“脱实向虚”如何影响企业利润率是一个亟待考察的现实问题。本书将企业金融市场行为与利润率联系在一起，用2007—2018年沪深A股非金融类上市公司数据，从总体利润率和主营业务利润率双重视角评估实体企业“脱实向虚”如何影响企业利润率。其二，在经济高质量发展和制造强国的现实诉求下，本书首先关注实体企业“脱实向虚”对产品市场竞争力的影响。本书选择成本加成率作为企业产品市场竞争力的重要代理变量，通过建立企业最优生产决策理论模型，较为准确地测算了符合本书研究特色的企业的成本加成率。在此基础上，本书试图回答实体企业“脱实向虚”对产品市场竞争力的影响如何。此外，本书以中国企业面临的特殊制度背景（所有制性质和政府补贴政策）以及企业不同发展阶段为切入点，研究了实体企业“脱实向虚”的异质性效应。其三，本书借鉴Levine和Warusawitharana（2019）的理论模型，构建了一个包含实体企业“脱实向虚”、研发创新投入、融资成本、企业生产率的最优决策模型，进而说明实体企业“脱实向虚”影响成本加成率的作用机理。在实证研究中，本书以研发创新投入、企业生产率和融资成本为中介变量，采用中介效应模型实证检验了实体企业“脱实向虚”影响产品市场竞争力的作用机理。研究发现“效率挤出”效应为主导效应，而“成本降低”效应并不明显。最后，本书关注了“脱实向虚”对中观层面的行业发展的影响。本书以行业成本加成率离散度作为行业资源配置效率的衡量指标，实证检验了“脱实向虚”如何影响行业资源配置效率。研究发现，“脱实向虚”程度的上升会显著增大行业成本加成率离散度，进而加剧了行业内的资源错配，不利于资源配置效率的改善。这主要是由于，“脱实向虚”显著降低了产品市场竞争性，并阻滞了低效率企业的市场退出，进而降低了要素资源在行业内的流动性，不利于资源配置效率的改善。

1.3.2 研究内容

本书的主要研究内容由九个章节组成，研究框架如图1-1所示，具体的研究内容如下：

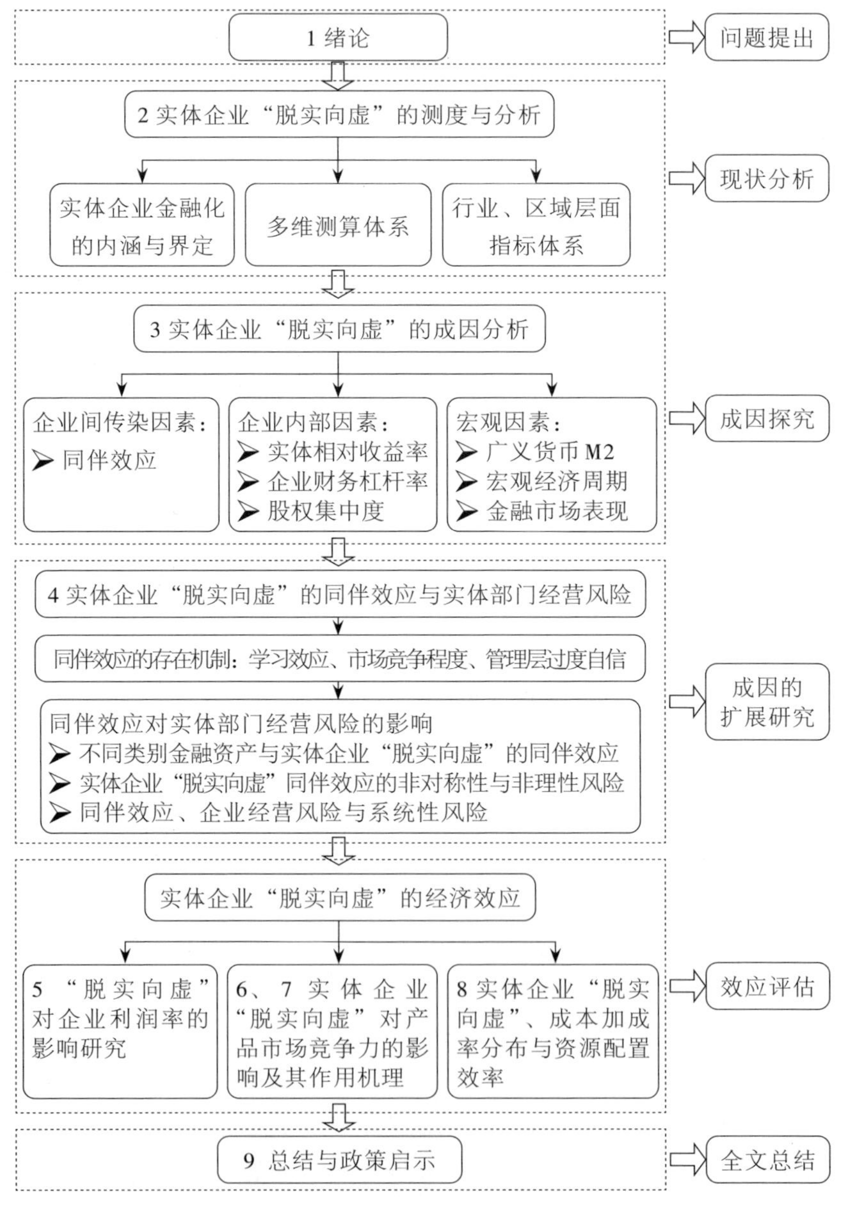

图1-1 本书的研究框架图

第1章是绪论。本章阐述了本书的研究背景和意义、研究思路和内容。

第2章是实体企业“脱实向虚”的测度与分析。本章首先梳理了与实体企业“脱实向虚”界定和测度相关的文献。立足实体企业“脱实向虚”的内涵特征，综合考虑金融资产投资总额、进行金融投资企业数量、金融资产平均持有规模、金融投资份额等多个层面的信息，构建多维度的综合指标体系来衡量企业的“脱实向虚”，并进一步针对若干具有代表性的重点行业和地区，构建行业、区域“脱实向虚”指标体系。在此基础上，本章进一步分析了近年来我国实体企业“脱实向虚”的现状和演化态势。

第3章是实体企业“脱实向虚”的成因分析。在初步了解实体企业“脱实向虚”的现状后，随之而来的问题是，为何实体企业对“脱实向虚”“趋之若鹜”？即实体企业“脱实向虚”的形成原因是什么？本章主要从宏观经济环境、同伴企业相互传染、企业内部因素三个维度出发，深入探究了实体企业“脱实向虚”的成因。旨在系统、全面地剖析实体企业“脱实向虚”的形成原因，为防治实体企业“脱实向虚”、引导资金流向实体企业等相关经济政策的制定提供了实证依据和政策方向。本章采用同伴效应模型从企业间传染因素、企业内部因素、宏观因素三个方面，重点研究了实体企业“脱实向虚”的驱动因素，并比较了各驱动因素的相对重要性。为了增强研究结论的可靠性，本章还从内生性问题处理、改变核心变量度量方式、改变模型估计方法多个方面进行了稳健性检验。

第4章衔接第3章，是对同伴效应现象的扩展研究。鉴于同伴效应在驱动实体企业“脱实向虚”过程中尤为重要，本章从学习效应、产品市场竞争、管理层过度自信三个方面，专门研究了同伴效应的存在机制。此外，行为金融领域的诸多研究认为同伴效应可能是群体性“非理性”的重要体现，是造成资本市场风险的重要逻辑，因此，本章还研究了同伴效应对实体企业经营风险的影响。本章采用逐步深入的策略来开展研究。首先，本章通过分组回归的方法考察了实体企业“脱实向虚”的同伴效应是否存在资产异质性，即企业金融投资中的竞相模仿行为是否集中在投机性金融资产上。其次，本章基于交互效应模型考察实体企业“脱实向虚”的同伴效应是否会对增持和减持金融资产有着不同的反应，进一步地，本章基于动态反应模型检验了企业金融投资中的策略互动行为究竟是“逐底竞赛”还是“逐顶竞赛”，试图更加直截了当地说明企业模仿行为的非对称性和非理性风险。最后，本章正式检验了同伴效应对实体企业经营风险的影响，在使用变系数模型测算了同伴效应后，本章进一步讨论了这种模仿效应对企业个体和行业整体经营风险的影响。

第5章是“脱实向虚”对企业利润率的影响研究。本章转入考察实体企业“脱实向虚”的经济效应。从短期来看，利润是企业生存、开展生产活动的根本来源，而利润率则是反映企业经营状况的核心指标。当前我国实体经济陷入了利润率低迷的困境，许多制造业企业纷纷转向金融领域以弥补利润率的下降（谢富胜和匡晓璐，2020）。在上述现实背景下，“脱实向虚”如何影响企业利润率是一个亟待考察的现实问题。首先，本章将企业金融市场行为与利润率联系在一起，用2007—2018年沪深A股非金融类上市公司数据，从总体利润率和主营业务利润率双重视角评估实体企业“脱实向虚”如何影响企业利润率。其次，本章还分析了实体企业“脱实向虚”对利润率的长期影响。最后，本章还关注了宏观经济环境的作用，进一步考察了不同宏观经济环境如何影响实体企业“脱实向虚”与利润率之间的关系。

第6章是“脱实向虚”对企业产品市场竞争力的影响研究。为了实现经济高质量发展以及制造强国目标，有效提高实体企业的产品市场竞争力至关重要。为此，本章对“脱实向虚”经济效应的考察聚焦在产品市场竞争力上，产品市场竞争力反映了企业将价格维持在边际成本之上的能力，是企业长期竞争力的重要来源之一。本章选取成本加成率作为产品市场竞争力的替代指标，借鉴De Loecker和Warzynski（2012）的测算方法，并在其基础上将实体企业“脱实向虚”和出口行为纳入生产率动态方程中，试图构建符合本章研究特色的成本加成率测算框架。在此基础上，利用2007—2018年沪深A股非金融类上市公司数据，研究了实体企业“脱实向虚”对企业产品市场竞争力的影响，并以中国企业面临的特殊制度背景（所有制性质和政府补贴政策），以及企业不同发展阶段为切入点，研究了“脱实向虚”对不同特征企业的差异化影响。

第7章是实体企业“脱实向虚”影响产品市场竞争力的作用机理研究。本章首先借鉴Levine和Warusawitharana（2019）的理论模型，构建一个包含实体企业“脱实向虚”、研发创新投入、融资成本、企业生产率的最优决策模型，从“效率挤出效应”和“成本降低效应”两个角度，阐述了实体企业“脱实向虚”对成本加成率的作用机制。在实证研究中，本章首先从创新投入和生产率的视角来检验实体企业“脱实向虚”的“效率挤出效应”，即金融资产投资是否挤出了企业的创新投入和全要素生产率，进而对成本加成率产生不利影响。接下来，本章通过考察实体企业“脱实向虚”对融资成本的影响，进而检验“成本降低效应”是否显著存在。研究表明，实体企业“脱实向虚”的作用机理以“创新挤出效应”“效率挤出效应”为主，实体企业“脱实向虚”的“成本降低效应”并不显著。

第8章是实体企业“脱实向虚”对行业资源配置效率的影响研究。本章根据现有研究，将成本加成率离散度作为行业内资源错配的重要衡量指标，从中观层面的行业资源配置效率视角研究实体企业“脱实向虚”的经济效应。本章首先基于成本加成率分布的视角研究了实体企业金融化对行业资源配置效率的影响。研究发现，企业金融化显著影响成本加成率水平及其分布状态，金融资产投资份额的上升不仅降低了企业成本加成率，而且扩大了成本加成率分布离散度，进而加剧行业资源错配。从机制上来看，金融化主要通过弱化产品市场竞争和延缓低成本加成率企业退出市场两种渠道降低行业资源配置效率。本章为评估实体企业“脱实向虚”的经济后果提供了新证据，对于优化资源配置效率具有一定的现实意义。

第9章是总结与政策启示。本章总结了前面章节的主要研究结论，并阐述本书研究结论蕴含的政策启示。

2 实体企业“脱实向虚”的测度与分析

2.1 实体企业“脱实向虚”的界定

“脱实向虚”意味着来自实体部门的经济资源逐渐转入虚拟部门，广义的虚拟经济是指与资金循环流动有关，主要由金融体系支持、“用钱赚钱”的经济活动（成思危，2003），狭义的虚拟经济是指与虚拟资本运动有关的金融活动。因此，一些学者还使用金融化（Financialization）术语来表示“脱实向虚”（彭俞超等，2018；杨筝等，2019）[①]。“脱实向虚”或金融化概念的提出最早可以追溯到Baran和Sweezy（1966），一般多见诸宏观经济领域，主要指金融部门和金融体系在经济活动中的重要性日益增加。具体表现为，资本、收入向金融部门不断集聚，金融部门不断扩张，经济重心由产业部门往金融部门转移（王永綦，2017）。“脱实向虚”现象早期主要受到欧美国家学者的关注，例如，Kevin和Phillips（1994）在其著作《傲慢的资本》（Arrogant

① 沿袭彭俞超等（2018）、杨筝等（2019）的定义，本书将“脱实向虚”和金融化概念等同。

Capital）中特别关注了美国经济的金融化现象，并认为“脱实向虚”表现为“实体和金融经济之间的长期分裂”（潘松剑，2020）。Foster（2007）发现，1980—2007年间，金融业和房地产业在美国经济中的占比大幅增加，与此同时，制造业的贡献则由20%降低至12%（张成思和张步昙，2015）。2008年全球金融危机爆发后，一些学者认为过度金融化是风险积累和金融危机产生的重要诱因（刘诗白，2010；Stockhammer和Grafl，2010）。随后，学界和各国的政策制定者开始重视经济“脱实向虚”问题，实体企业“脱实向虚”也受到越来越多的关注。

从微观层面来看，实体企业“脱实向虚”似乎是金融化从宏观经济向微观企业的自然延伸，实体企业“脱实向虚”主要指企业金融化，即非金融企业的经济资源逐渐转入金融部门的现象（Epstein和Jayadev，2005）。但就实体企业“脱实向虚”的界定而言，学者们尚未达成普遍共识，不同学者根据研究视角的差异提出了不同的定义、测算方法。

2.1.1 基于金融资产投资占比指标

从行为视角出发，一些学者将实体企业“脱实向虚”界定为企业将越来越多经济资源配置于金融市场的行为和趋势。翟连升（1992）较早地关注到中国企业资产金融化问题，认为国有企业资产中，金融资产所占的份额越来越大，从而呈现出生产企业中的资产越来越多地变成银行金融资产的趋势。Epstein和Jayadev（2005）研究了经合组织（OECD）国家的企业资产配置行为，发现非金融企业在投资决策时，更倾向于把资产配置在金融资产上，而对传统生产部门的投资呈现下滑态势，实体企业“脱实向虚”现象较为明显。Brown（2014）以美国上市公司为研究对象发现，现代企业在资产负债表中配置金融资产和有价证券是一种常见的行为。Demir（2009）通过对新兴经济体国家的研究发现，阿根廷、土耳其、墨西哥等国家的实体企业持有了大量的短期金融资产，金融投资偏好也同样体现在新兴经济体的实体部门中。杜勇等（2017）利用中国上市公司数据发现，我国非金融类上市公司的金融资产规模也呈现攀升趋势，2008年非金融类上市公司平均持有的金融资产规模为0.97亿元，而2014年这一数据上升到近3亿元，说明我国的实体企业“脱实向虚”现象也开始显现。

在具体研究过程中，持上述观点的学者一般采用企业金融资产投资占比来衡量实体企业是否“脱实向虚”，金融资产投资比重越大说明实体企业“脱实向虚”的程度越严重。Orhangazi（2008）以企业持有的金融资产占有形资产的比重定义了实体企业“脱实向虚”。Demir（2009）将实体企业“脱实向虚”定义为，企业持有的金融资产占固定资产的比重。国内多数研究也沿着这一思路来衡量实体企业“脱实向虚”，例如，彭俞超等（2018）根据企业资产负债表信息，利用金融资产（交易性金融资产、可供出售金融资产、买入返售金融资产、持有至到期投资、发放贷款及垫款）与企业总资产的比重来衡量实体企业是否“脱实向虚”。随着我国房地产市场的快速发展，住房逐渐偏离其居住属性，投资属性和金融属性日益凸显，戚聿东和张任之（2018）进一步将投资性房地产视为一类特殊的金融资产，并将实体企业“脱实向虚”界定为，实体企业持有的各项金融资产占总资产的比重不断上升。

2.1.2 基于金融利润累积指标

从结果视角来看，实体企业“脱实向虚”可以被界定为，企业的利润来源越来越依赖于金融部门，企业的利润累积形式逐渐以金融获利为主导（Krippner，2005）。鲁春义和丁晓钦（2016）基于马克思主义政治经济学的立场指出，利润累积形式的“脱实向虚”本质上是资本通过金融部门实现的自我增值和积累，渐渐脱离剩余价值生产以及交换。在具体研究过程中，Krippner（2005）将实体企业“脱实向虚”定义为金融资产收益占现金流的比重过高，在此基础上考察了1950—2001年间美国的“脱实向虚”现象，研究表明1970年以前，美国的“脱实向虚”问题并不突出，但1970年以后，该问题开始逐渐凸显。张成思（2019）利用我国非金融类上市公司数据，测算了金融获利在企业净利润中的比重，并据此分析了近年来实体企业“脱实向虚”的演变趋势。研究发现，在实体企业中，来自金融部门的利润占比呈现不断上升的趋势，从2006年的7%急剧上升至2018年的40%。刘贯春等（2019）同样利用金融部门的利润累积占企业净利润的比重来衡量实体企业“脱实向虚”，并考察了“脱实向虚”对企业资本结构以及固定资产投资的影响。

通过梳理有关实体企业“脱实向虚”定义的文献，可以发现，目前对实体企业“脱实向虚”的界定方式主要有两种：一是，行为视角观，体现为企业将越来越多经济资源配置于金融市场的行为和趋势，一般采用企业金融资产投资占总资产比重来衡量。二是，结果视角观，体现为企业的利润来源越来越依赖于金融部门，一般采用企业金融资产收益占净利润的比重来衡量。本章主要采用企业金融资产投资占比来衡量实体企业“脱实向虚”，主要基于如下考虑：其一，第一种界定方法十分直观，操作性很强，上市公司的资产负债表直接披露了企业持有的各项金融资产信息，使得本章可以较为准确地判别实体企业“脱实向虚”的情况。其二，第二种界定方法中，关于企业金融资产收益的测算目前并没有形成一致性的观点，企业的财务报表中也没有直接披露该指标。从已有的研究来看，在测算过程中涉及不同金融资产收益的确认，操作较为复杂。

总之，目前学术界对实体企业“脱实向虚”的界定方式并未形成一致性看法，一类文献是行为视角观，主要采用企业金融资产投资占总资产比重来衡量（杜勇等，2017；彭俞超等，2018）。另一类文献是结果视角观，认为实体企业“脱实向虚”最终体现为企业的利润来源越来越依赖于金融部门，一般采用企业金融资产收益占净利润的比重来衡量（Krippner，2005；张成思，2019；刘贯春，2020）。但不同测度指标之间缺乏相互验证和检验，其可靠性有待于进一步提高。本章采用国泰安（CSMAR）数据库，选取2007年以来沪深两市A股非金融类上市公司作为研究样本，立足实体企业“脱实向虚”的内涵特征，综合考虑金融资产投资总额、进行金融投资企业数量、金融资产平均持有规模、金融投资份额多个层面的信息构建多维度的综合指标体系来衡量实体企业“脱实向虚”，并进一步针对若干具有代表性的重点行业，构建行业“脱实向虚”指标体系。在此基础上，本章最后还分析了实体企业“脱实向虚”在不同区域之间的演化差异。

2.2 实体企业“脱实向虚”的测算与分析

本节将实体企业“脱实向虚”界定为企业将越来越多经济资源配置于金融市场的行为和趋势，可以用企业金融资产投资额占总资产的比重来衡量。参考宋军和陆旸（2015）、彭俞超等（2018b），企业投资的金融资产主要包括资产负债表中的以下科目：交易性金融资产、买入返售金融资产、可供出售金融资产、持有至到期投资、发放贷款及垫款净额，其中前四项可归类为交易类金融资产。需要指出的是，随着我国房地产市场的快速发展，住房逐渐偏离其居住属性，投资属性和金融属性日益凸显，因此，在“脱实向虚”的测算和分析部分，本章将投资性房地产视为一类特殊的金融资产。

本节使用的数据主要来自于国泰安（CSMAR）数据库，由于2006年后企业施行了新的会计准则，为了确保经济变量统计口径前后一致，本章选取2007—2018年沪深两市A股上市公司作为研究样本，鉴于本章的研究对象为实体企业，本章剔除了金融行业、房地产行业的样本。此外，根据公司金融领域的一般性做法，本章还对原始数据进行了如下处理：（1）剔除ST、PT公司；（2）剔除交叉上市的公司；（3）剔除当年新上市的公司。本章使用经过上述处理后的数据来测算并分析我国实体企业“脱实向虚”的现状。

2.2.1 总体结果分析

图2-1显示了2007—2018年所有非金融类上市企业金融资产投资总规模的变化态势。从图2-1中可以看出，总体而言，金融资产投资总额呈不断攀升的趋势，2007—2018年间，总规模由0.23万亿元激增至1.57万亿元，年均增长率约为19.08%。在此期间，2008年的金融资产投资总额出现小幅的回落。2008年的回落主要是因为，全球金融危机

的冲击迫使我国实体经济和金融市场出现了阶段性萎靡，一方面，受经营环境的影响，企业用于金融投资的资金较为有限；另一方面，由于金融市场表现不佳，企业进行金融投资的意愿不强。这两方面的因素共同导致2008年的回落。此外，值得注意的是，2018年的金融资产投资总额与2017年相比基本保持平稳，本章认为这源自政府政策的引导。党的十九大以来，一方面，中央和地方政府多次强调住房要回归居住属性的本源，打击并遏制了房地产炒作行为。另一方面，金融监管部门加强了对企业资金用途的监管，特别是对实体企业的金融投资行为作出了规范。

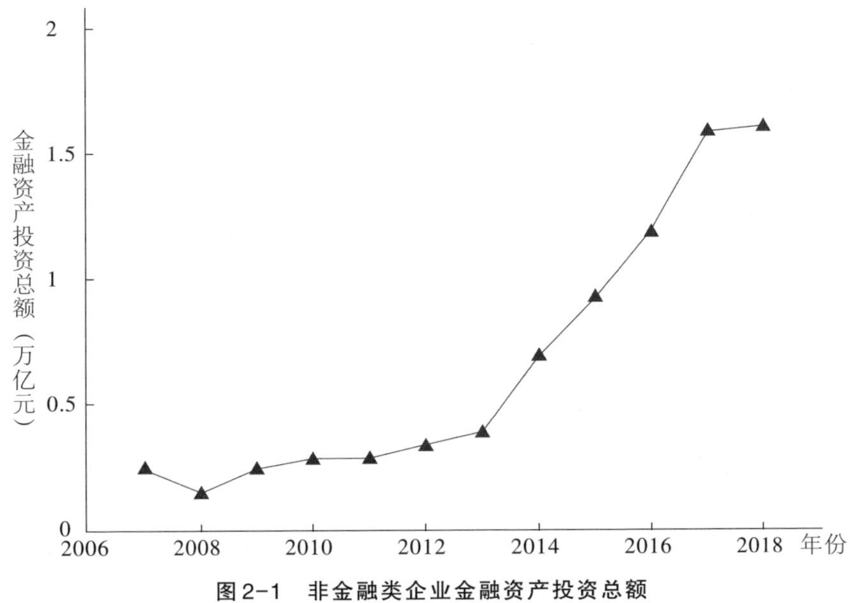

图2-1 非金融类企业金融资产投资总额

图2-2给出了进行金融投资企业数量的演变动态。从中可以发现，涉足金融领域的企业数量呈现不断攀升的态势，与金融资产投资总额指标不同的是，2008年和2018年涉足金融业的实体企业数量仍然呈现上升趋势。具体来看，2007年有826家上市公司进行了金融资产投资，2018年则进一步增加至2 185家，占当年非金融类上市公司企业总数的比例高达83.75%。这说明企业金融化现象普遍存在于中国的非金融类上市公司中。

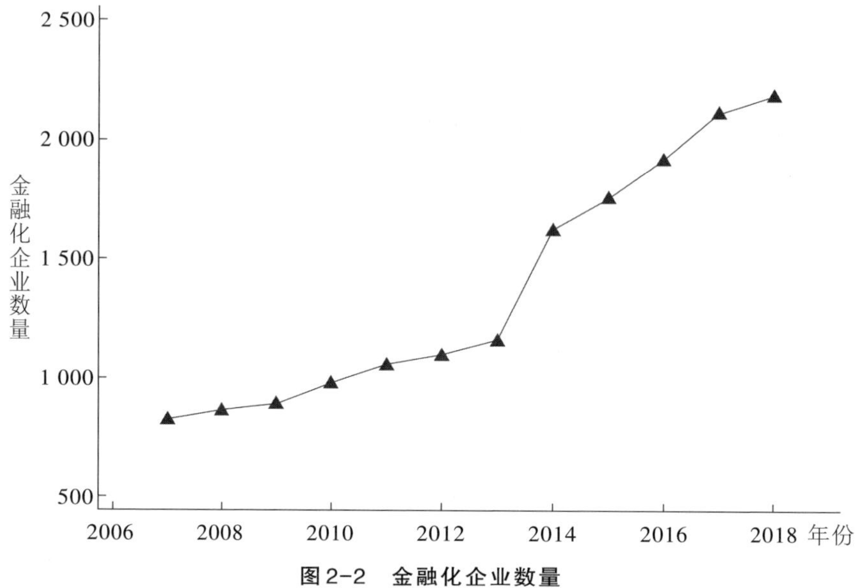

图2-2 金融化企业数量

图2-3计算了企业金融资产平均持有规模（金融资产投资总额/金融化的企业数量），可以看到，除少数年份（2008年、2011年、2018年）外，实体企业金融资产平均持有规模不断攀升。2013年前，企业金融资产平均持有规模均在3.29亿元以下，在经历了一轮急剧的上升后，2017年到达了峰值7.51亿元，尽管2018年有所下滑，但企业金融资产平均持有规模仍然达到7.32亿元，即使对上市公司而言，这也是一个较为庞大的金额。

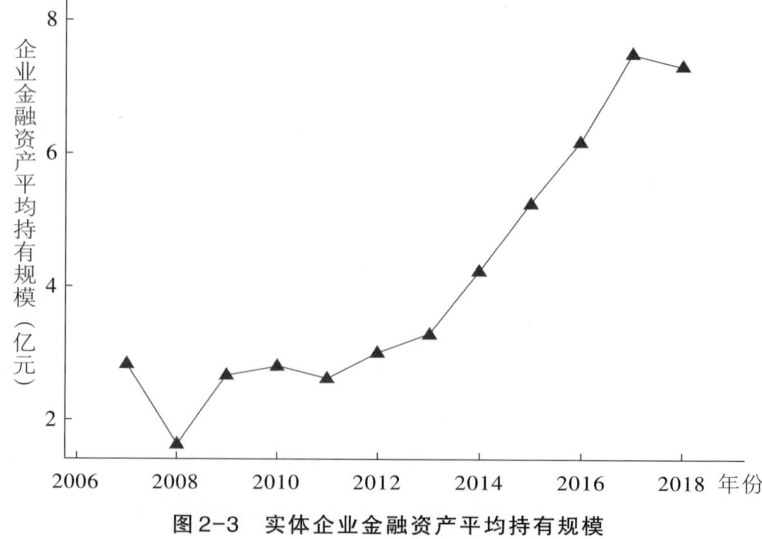

图2-3 实体企业金融资产平均持有规模

图2-4进一步绘制了2007—2018年中国非金融类上市公司金融化程度的变化趋势。纵轴实体企业金融化程度用上市公司金融资产投资总额占上市公司资产总额的比例表示。从图2-4可以看出，2007年实体企业金融化水平处于相对高位水平，可能原因在于2007年金融市场和房地产市场火热，实体企业配置了大量的金融资产。2008—2013年，实体企业“脱实向虚”程度波动幅度较小，基本上在1.5%上下浮动。2008年，实体企业“脱实向虚”程度达到样本期内的最小值1.31%，这主要是受全球金融危机的冲击，金融资产出现剧烈贬值，实体企业纷纷抛出持有的金融资产。2009年实体企业“脱实向虚”程度出现了小幅反弹，上升至1.21%。此后，实体企业“脱实向虚”经历了一轮小幅的回落，在2011年到达另一个谷底1.34%。而2012年和2013年实体企业“脱实向虚”程度分别为1.40%和1.44%，出现了略微的升高。

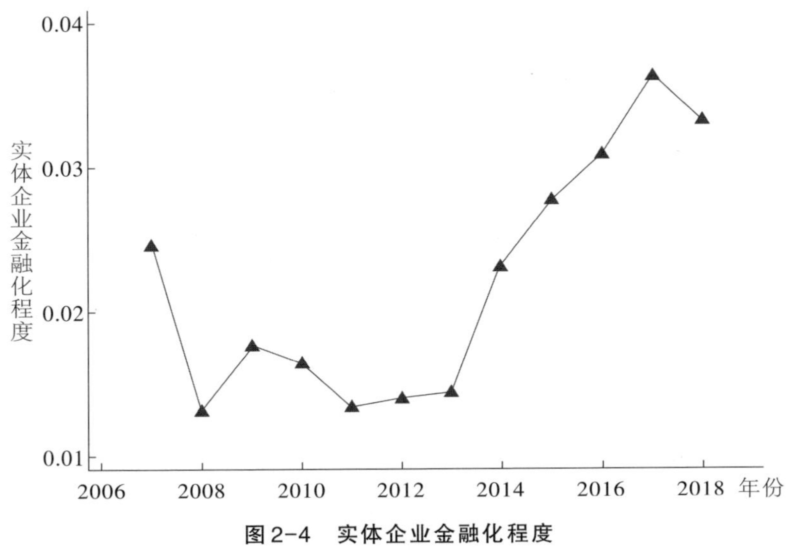

图2-4 实体企业金融化程度

2013年后，实体企业“脱实向虚”的上升趋势引人注目。2014年实体企业金融化程度急剧攀升到2.32%，与2013年相比，足足增加了近一倍。2012年底，中国证券监督管理委员会颁布了《上市公司监管指引第2号——上市公司募集资金管理和使用的监管要求》，指出上市公司可使用闲置募集资金投资安全性高、流动性好的金融产品，这导致了实体企业“脱实向虚”程度在2013年后出现了显著提升。此后实体企业“脱实向虚”继续攀升，2015年和2016年分别升高至2.77%和3.08%，并于2017年到达样本期内的峰值3.64%。2017年后，各级政府对经济“脱实向虚”问题进行了强调，多次指出“必须把发展经济的着力点放在实体经济上”“增强金融服务于实体经济的能力”。2018年，实体企业“脱实向虚”略微下降至3.32%，但仍然维持在相对高位水平。

总结起来，通过测算发现实体企业“脱实向虚”普遍存在于中国非金融类上市公司中，并且近年来“脱实向虚”现象日益凸显。其具体体现在以下几点：一是非金融类企业的金融资产投资总规模呈不断扩张趋势；二是进行“脱实向虚”企业的数量不断增加，以2018年为例，该年超过83.75%的实体上市企业都在不同程度上配置了金融资产。三是企业持有的金融资产规模数额庞大，平均而言，每家企业持有了4.46亿元的金融资产，并且近年来这一规模还有进一步攀升的倾向。四是近年来实体企业“脱实向虚”程度呈现愈发严重的态势，特别是2013年后，企业金融资产投资占其总资产的比重有着显著的提升。

2.2.2 不同所有制性质实体企业“脱实向虚”现状分析

不同所有制性质的企业在政策优惠、资源获取能力等方面存在很大差异，其“脱实向虚”情况可能存在很大差异，我们按照所有制性质进行分组，进一步考察实体企业“脱实向虚”在不同所有制性质的企业中是否存在差异。其中，企业所有制性质根据企业实际控制人性质分为国有企业和非国有企业。

图2-5给出了不同所有制性质企业金融资产平均持有规模变化情况。首先，无论是国有企业抑或是非国有企业，除少数年份外，其平均持有的金融资产规模总体呈现攀升的态势，2007—2018年间，国有企业金融资产平均持有规模由2.07亿元上升至10.23亿元，年均增长率约为15.63%；非国有企业金融资产平均持有规模由1.11亿元上升至3.84

亿元，年均增长率约为11.94%。其次，通过比较二者的演变态势可以发现，在样本时间内，国有企业金融资产平均持有规模大于非国有企业，且二者的差异在2013—2017年有逐渐扩大的趋势，2018年二者的差异有所收窄。这可能是由于，国有企业规模一般较大，且在经济资源获取和信贷支持政策上具有一定优势，所以其持有的金融资产规模也相对较大。

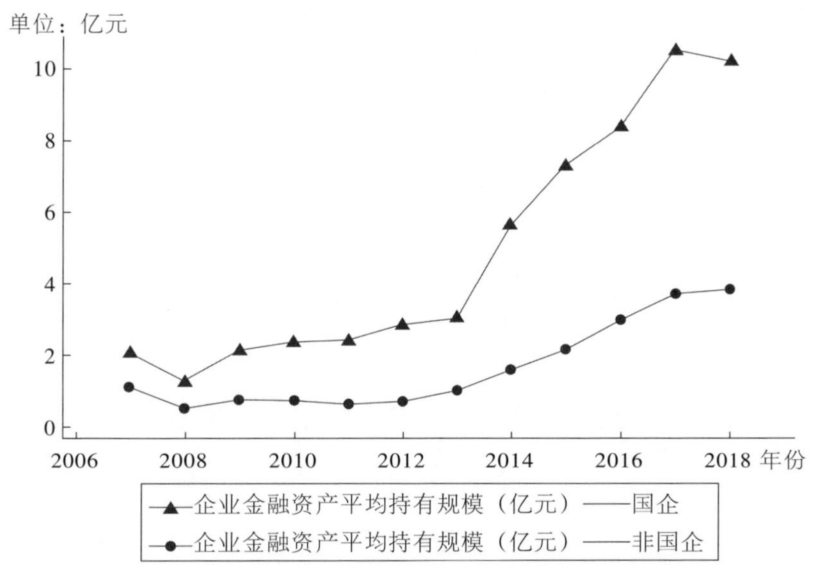

图2-5　不同所有制性质企业金融资产平均持有规模

图2-6进一步给出了不同所有制性质企业金融化程度的变化情况。通过分析可以发现：首先，2012年及以前国有企业金融化程度相对平稳，基本维持在1%—2%区间内运行，2012年后，国有实体企业“脱实向虚”现象开始凸显，其金融化程度呈现逐渐上升的趋势，直到2018年，国有实体企业“脱实向虚”现象才有所改善。从非国有企业来看，除2008年外，2007—2012年间，其金融化程度大体呈现下降趋势，2012年后，非国有企业金融化程度急剧上升，2018年其金融化程度出现略微下降，但仍然维持在相对高位水平。其次，与金融资产平均持有规模形成鲜明对比的是，在样本区间的任何一期，平均而言，非国有企业的金融化程度均要高于国有企业。也就

是说，尽管国有企业持有的金融资产相对较多，但由于其本身的资产规模也相对较为庞大，其“脱实向虚”程度要明显低于非国有企业。

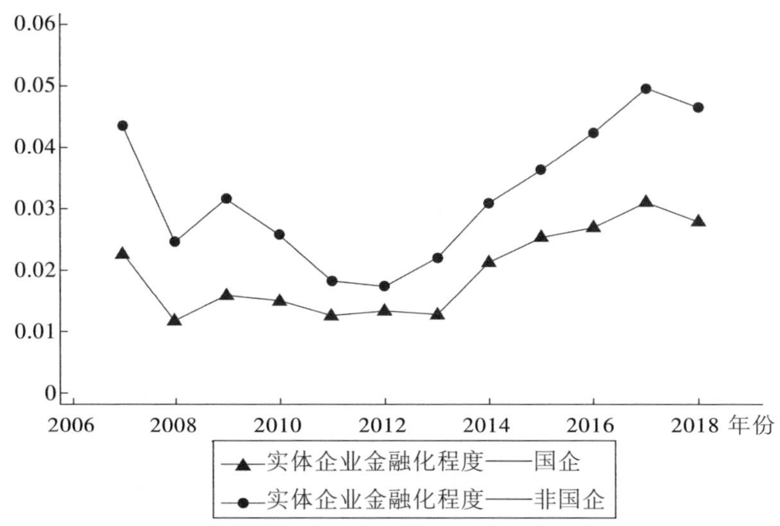

图 2-6 不同所有制性质企业金融化程度

2.2.3 不同金融资产下实体企业“脱实向虚”现状分析

本章中，我们将企业配置的金融资产界定为资产负债表中的以下科目：交易性金融资产、买入返售金融资产、可供出售金融资产、持有至到期投资、发放贷款及垫款、投资性房地产，其中前四项可归为交易类金融资产。因此，企业持有的金融资产大致可划分为：交易类金融资产、发放贷款和垫款、投资性房地产三大类。接下来，我们进一步来分析实体企业“脱实向虚”在不同金融资产上是否呈现出显著差异。

图2-7进一步给出了不同金融资产下企业金融资产平均持有规模的演化情况。首先，企业持有的金融资产主要集中在投机性明显和风险较高的交易类金融资产和投资性房地产两类金融资产上，在投机性不强且风险相对较弱的发放贷款和垫款类金融资产上，企业的持有规模并不庞大。这在一定程度上说明，实体企业“脱实向虚”的动机主要是为了进

行跨市场投机套利。其次，细分金融资产类别后可以发现，2007—2018年间，企业平均持有的发放贷款和垫款、投资性房地产两类金融资产一直呈现上升的态势。然而，企业平均持有的交易类金融资产波动性较大。2013年以前，围绕1亿元左右小幅波动，2013年后持有规模急剧上升，在样本期末的2018年持有规模有所下滑。

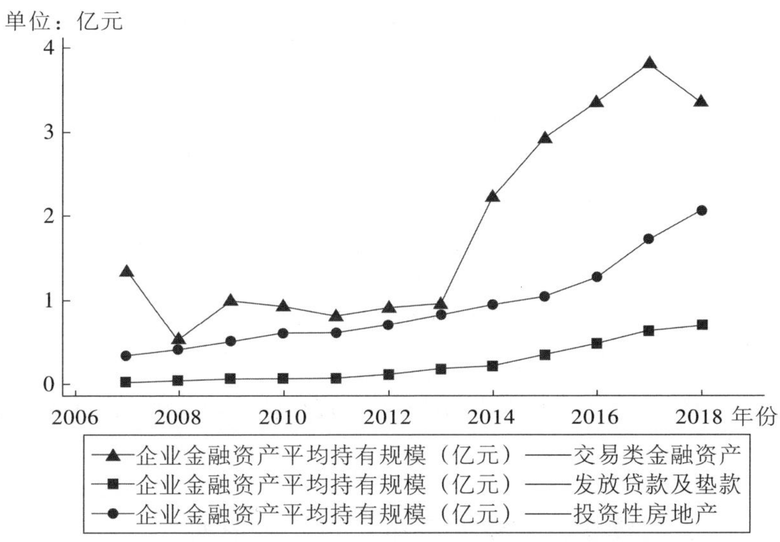

图2-7　不同金融资产下企业金融资产平均持有规模

图2-8进一步给出了不同金融资产下企业金融化程度的变化情况。可以发现，企业金融化程度的变化态势与企业金融资产平均持有规模变化态势具有相似性，呈现出交易类金融资产金融化程度最高，房地产类金融资产金融化程度次之，发放贷款及垫款类金融资产金融化程度最弱的特征。此外，细分金融资产类别后可以发现，近年来，房地产类金融资产金融化程度、发放贷款及垫款类金融资产金融化程度呈现日趋严峻的态势。交易类金融资产金融化程度在2008年迎来一轮剧烈下降后，2009年又有所回升，此后直至2013年，又迎来一轮下滑，2013年后交易类金融资产金融化程度不断上升，直至2018年才有所缓解。

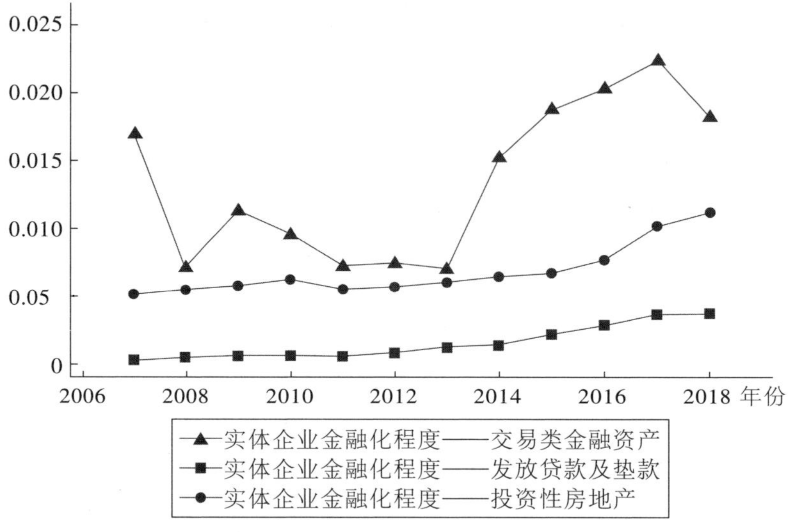

图2-8　不同金融资产下企业金融化程度

2.3 实体企业“脱实向虚”的区域与行业特征分析

2.3.1 实体企业“脱实向虚”的区域特征

为了更加深入地展示实体企业“脱实向虚”在全国各区域演化情况，图2-9进一步绘制了2007—2018年东部、中部、西部三大区域企业金融资产平均持有规模的趋势图。从演变趋势来看，2007—2018年东部、中部、西部三大区域企业金融资产平均持有规模大幅提升。具体而言，东部地区企业金融资产平均持有规模增长幅度最为明显，中部和西部企业金融资产平均持有规模增长幅度差异不大，基本维持在小幅增长状态。究其原因，可能与各区域经济环境、金融发展情况有关。东部地区多为沿海、经济发展水平较高的省份，这些省份的企业所处的金融市场一般较为发达，且企业信贷可获得性更强，企业规模也一般相对较大，一方面导致企业在内部有“能力”进行“脱实向虚”，另一方面导致企业在外部有“条件”进行“脱实向虚”，最终使得东部地区企业金融资产持有规模大幅领先中部和西部地区。

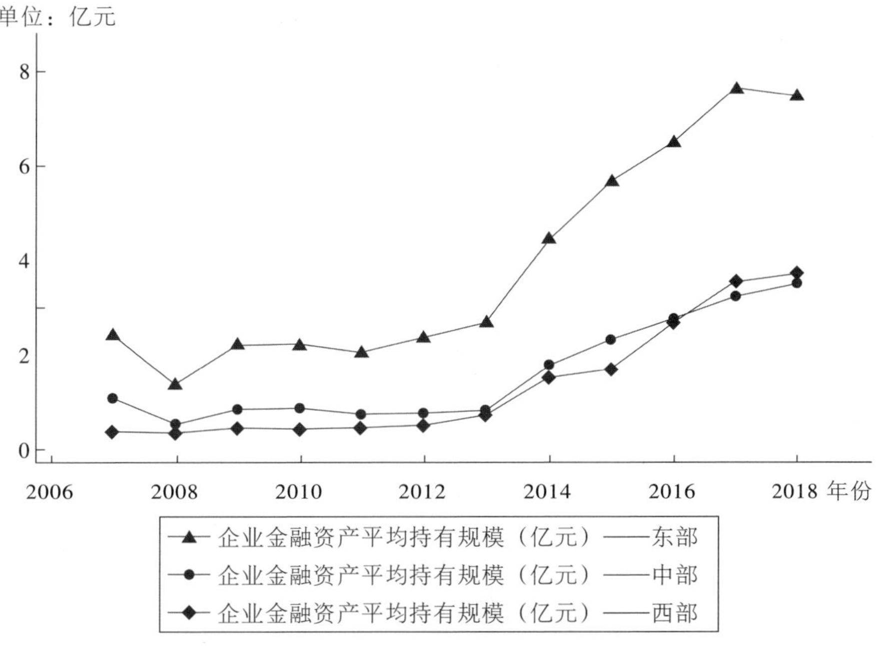

图2-9　不同区域企业金融资产平均持有规模

图2-10进一步给出了2007—2018年东部、中部、西部三大区域企业金融化程度的变化情况。总体而言，实体企业“脱实向虚”的发展可以大致分为三个阶段：2007—2013年，处于波动平缓期；2013—2017年，东部、中部、西部三大区域的企业金融化水平迎来了不同程度的上升；2018年东部、中部、西部三大区域的企业金融化水平上升趋势得到明显遏制甚至出现明显下降。与前文的分析一致，2012年底，中国证券监督管理委员会颁布了《上市公司监管指引第2号——上市公司募集资金管理和使用的监管要求》，指出上市公司可使用闲置募集资金投资安全性高、流动性好的金融产品，这使得2013年后，东部、中部、西部三大区域的企业金融化水平快速上升，2017年后，经济“脱实向虚”问题得到一定的重视，在此期间企业金融化趋势也得到一定遏制。

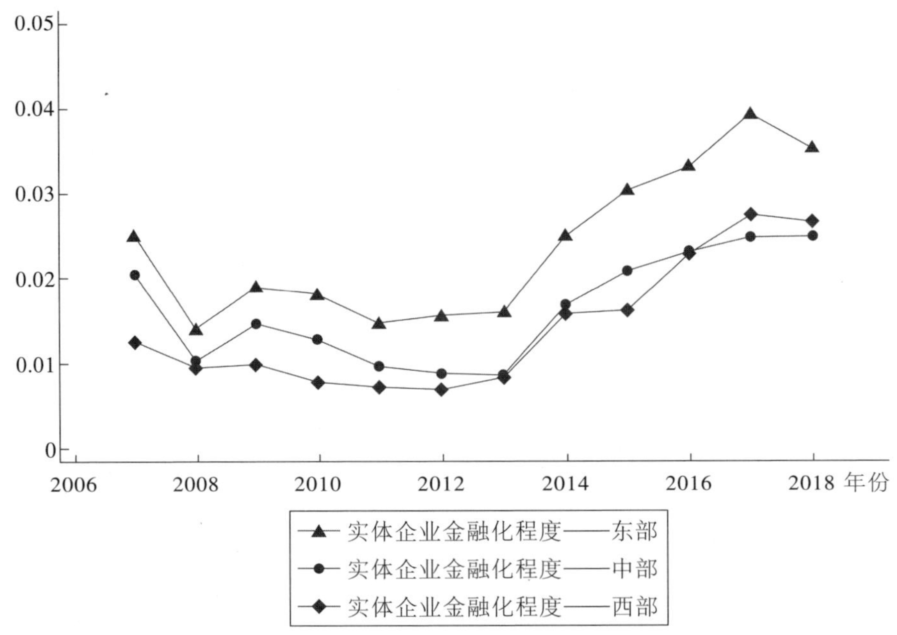

图2-10 不同区域企业金融化程度

2.3.2 实体企业“脱实向虚”的行业特征

考虑到不同行业实体企业“脱实向虚”也有所不同，表2-1汇报了2007—2018年不同行业企业金融资产平均持有规模的趋势图。行业变量的划分是依据2001版证监会行业分类代码，按照一级代码进行分类，共涉及11个行业。分别为农、林、牧、渔业（A）；采掘业（B）；制造业（C）；电力、煤气以及水的生产和供应业（D）；建筑业（E）、交通运输、仓储业（F）；信息技术业（G）；批发、零售贸易业（H）；社会服务业（K）；传播和文化产业（L）；综合类（M）。

表2-1汇报了2007—2018年十大行业企业金融资产平均持有规模。其中，建筑业（E）企业金融资产平均持有规模最为庞大，2007—2018年企业平均持有金融资产规模约为12.18亿元，2018年企业平均持有金融资产规模高达23.66亿元，这部分归因于建筑业企业规模普遍较大。批发、零售贸易业（H）、电力、煤气以及水的生产和供应业（D）、社会服务业（K）、采掘业（B）、综合类（M）这五大行业企业金融资产

持有规模也保持在相对高位水平，2007—2018年企业平均持有金融资产规模分别约为5.61亿元、4.88亿元、4.71亿元、4.41亿元、4.30亿元，2018年这五大行业企业平均持有金融资产规模在10亿元。除了上述行业外，制造业（C）、传播和文化产业（L）、信息技术业（G）三大行业企业平均持有的金融资产规模较小，2007—2018年企业平均持有的金融资产规模基本维持在2亿元左右，明显低于前文所述行业。此外，农、林、牧、渔业（A）企业金融资产持有规模最小，2007—2018年企业平均持有的金融资产规模仅有0.71亿元。最后，从总体来看，各行业企业金融资产平均持有规模在2012年后都呈现出平稳增长态势。

表2-1 **各行业企业金融资产平均持有规模** 单位：亿元

行业	2007	2008	2009	2010	2011	2012	2013	2014	2015	2016	2017	2018
A	0.13	0.29	0.37	0.31	0.31	0.28	0.28	0.84	0.94	1.14	1.63	1.99
B	1.67	1.16	1.60	1.96	1.73	1.61	1.53	3.51	5.99	6.87	12.41	12.90
C	1.57	0.75	1.18	1.31	1.15	1.30	1.41	2.46	3.53	3.69	4.12	4.24
D	4.62	1.81	2.90	2.26	2.15	2.65	3.14	7.30	7.21	7.65	8.61	8.33
E	3.53	2.47	4.54	5.25	6.57	7.77	8.95	17.29	18.88	21.11	26.23	23.66
F	2.63	1.37	3.32	3.56	2.73	3.30	3.25	5.57	6.47	9.87	10.49	10.23
G	0.88	0.58	1.08	1.03	0.95	1.08	1.23	1.94	2.58	2.81	3.26	2.99
H	2.23	2.06	2.79	2.55	2.58	2.93	3.69	5.36	6.61	10.81	12.76	12.96
K	1.71	1.32	2.35	1.99	1.91	2.58	3.91	4.92	4.81	6.22	12.12	12.73
L	0.26	0.19	0.46	0.78	1.17	1.25	1.28	2.81	3.15	5.32	4.96	4.82
M	0.80	0.69	0.96	2.13	1.66	1.23	1.21	3.63	7.01	10.91	11.27	10.13

表2-2进一步报告了2007—2018年十大行业企业金融化情况。其中，社会服务业（K）实体企业“脱实向虚”最为严重，2007—2018年该行业企业平均持有金融资产规模约为自身总资产的9.49%。其次，综合类（M）、批发、零售贸易业（H）、传播和文化产业（L）

三大行业金融化程度也较为严重，平均而言，2007—2018年其金融投资占总资产的比重均超过4.4%。再次，制造业（C）、信息技术业（G）、交通运输、仓储业（F）、建筑业（E）、电力、煤气以及水的生产和供应业（D）五个行业企业金融化程度相对较弱，2007—2018年企业金融投资占比基本在2%左右波动。其余两个行业农、林、牧、渔业（A）、采掘业（B）企业金融化程度更弱，特别是在采掘业（B）中，2007—2018年企业金融投资占比平均为0.54%，远低于其他行业。从时间演变趋势来看，各行业企业金融化程度在2012年后大都出现上升趋势。

表2-2 **各行业企业金融化** （单位：%）

行业	2007	2008	2009	2010	2011	2012	2013	2014	2015	2016	2017	2018
A	0.75	1.59	1.75	1.04	0.93	0.83	0.81	2.29	2.41	2.38	2.89	3.32
B	0.42	0.25	0.29	0.32	0.24	0.21	0.18	0.39	0.67	0.77	1.37	1.37
C	3.32	1.39	1.92	1.92	1.5	1.58	1.55	2.5	3.45	3.43	3.73	3.54
D	4.37	1.47	1.8	1.2	1.03	1.14	1.2	2.61	2.2	2.19	2.29	2.11
E	2.55	1.4	1.43	1.46	1.33	1.33	1.35	2.27	2.39	2.61	3.13	2.5
F	1.83	0.88	2.01	1.84	1.28	1.48	1.36	2.18	2.45	3.53	3.52	3.01
G	2.57	1.25	2.02	1.93	1.62	1.68	1.73	2.43	2.73	2.64	3.01	2.42
H	7.12	6.06	6.49	4.86	3.96	4.05	4.536	5.845	6.21	7.86	8.3	7.49
K	11.37	8.14	12.26	9.06	6.96	8.14	9.53	10.37	7.47	7.35	11.85	11.41
L	2.27	1.54	3.43	3.93	4.01	3.81	3.35	5.97	5.04	7.13	6.54	6.14
M	3.53	2.98	3.85	6.72	4.56	3.11	2.71	7.38	12.62	17.43	14.89	11.62

3 实体企业“脱实向虚”的成因分析

近年来，实体企业“脱实向虚”现象是我国经济运行中面临的一个突出问题。充分理解微观实体企业“脱实向虚”的成因对于促进虚拟经济和实体经济协调发展具有重要意义。现有研究已经从不同角度对实体企业“脱实向虚”现象进行了阐释，主要可以分微观层面和宏观层面两大类。微观层面的影响因素主要包括企业实体投资相对收益率、股东价值导向、企业财务特征和管理层的人物特征等，宏观层面的影响因素主要有宏观经济政策不确定性、宏观经济周期和货币供给等。

3.1 驱动实体企业“脱实向虚”的企业内部因素

企业实体投资相对收益率是实体企业“脱实向虚”最为直观的微观影响因素。Crotty（2005）认为在实体投资回报趋降的背景下，企业为了追逐短期超额利润，更倾向于将持有资产配置于金融市场上，导致了实体企业的“脱实向虚”。谢家智等（2014）也强调了金融投资收益相对实体投资收益的虚高是诱使制造业实体企业“脱实向虚”的重要原因。以上两篇文献均是从逻辑上说明了实体经营收益率的重要性，但缺乏正式的实证支撑。Demir（2009）则从实证角度给出了正式的经验证据，该研究基于阿根廷、土耳其和墨西哥等国家的金融资产投资数据，构建了企业金融资产选择模型，研究发现金融投资收益率和固定资产投资收益率差异、固定资产投资风险水平是驱动实体企业“脱实向虚”的重要因素。张成思和郑宁（2018）在Demir（2009）的基础上，以中国非金融类上市公司数据为研究对象，发现固定资产投资相对风险是中国实体企业“脱实向虚”的主导因素，金融投资收益率和固定资产投资收益率差异并不是显著的影响因素。

股东价值导向是引致实体企业“脱实向虚”的另一重要因素。20世纪80年代后，欧美等发达国家的资本市场经历了一轮迅猛发展，公司治理理念也发生了质的转变，企业的经营模式由长期发展导向转为短期股东价值导向，短期股票升值和机构投资者利益日益受到重视。这种经营理念的变化反映在实体企业上就表现为企业更多地参与金融市场和关注短期收益（蔡明荣和任世驰，2017）。Widmer（2011）指出，实体企业“脱实向虚”是公司治理理念演变过程中不可避免的趋势，短期激励考核机制促使了高管采用短视、激进行为，在投资决策中会逐渐减少生产性投资，形成金融投资路径依赖。

企业的财务特征也是实体企业“脱实向虚”不可忽视的影响因素。一是融资约束差异，彭俞超和黄志刚（2018）指出在缺乏有效的直接融资途径的情形下，不同企业面临的融资约束差异是导致实体企业“脱实向虚”的重要原因。顾雷雷等（2020）基于A股非金融类上市公司数据的研究表明，融资约束的缓解会显著提高实体企业“脱实向虚”水平。二是企业负债率，杜勇和邓旭（2020）认为较低的企业负债率会减缓企业的投资限制，使得企业更有“能力”去投资金融资产。三是企业主营业务成长性与金融资产投资也有着密切关系，主营业务发展态势良好的企业，会把更多经济资源配置在实体业务上，对金融投资的依赖性较小，与之相对，主营业务经营不善的企业更容易涉足金融市场。四是企业多元化经营。闫海洲和陈百助（2018）分别使用企业经营所覆盖的行业数量、企业收入赫芬达尔-赫希曼指数以及企业收入熵指数来代理企业多元化经营指标，发现多元化程度高的企业更加偏好于投资风险金融资产，因而金融部门是上市公司多元化战略的重要延伸目标。此外，诸如经营现金流和企业产权性质等财务因素也得到学者们不同程度的关注（聂辉华等，2020；戴静等，2020）。

部分学者认为企业管理层的人物特征也可能影响到实体企业“脱实向虚”。管理层作为企业经济决策的制定者，其人物特征难免会影响到企业的投融资决策，现有研究主要围绕管理层金融背景和管理层过度自信展开。杜勇等（2019）利用2008—2016年沪深A股非金融类上市公司数据，实证研究了管理层金融背景与实体企业“脱实向虚”之间的关系，研究发现管理层金融背景显著推动了实体企业“脱实向虚”，并且非银行金融背景的推动作用更强。其他研究，诸如Duchin等（2017）则从高管过度自信视角研究了管理层的人物特征与实体企业“脱实向虚”的关系，研究发现存在管理层过度自信的企业更容易将持有资金配置在金融市场上。这几篇文献从管理层的人物特征视角加深了本章对实体企业“脱实向虚”现象的理解。

最后，还有部分研究从理论上阐释了实体企业“脱实向虚”动机，试图以此来说明实体企业“脱实向虚”的成因。关于实体企业“脱实向虚”的动机，一类文献认为企业投资金融资产主要是出于“蓄水池动机”，即基于预防性储备考虑，企业在资金富余时买入金融资产，为将来的流动性进行储备，在资金紧张时卖出金融资产，以舒缓资金压力，维系企业正常经营（彭俞超和黄志刚，2018）。另一类文献则认为企业配置金融资产是出于“投机动机”，即为了追逐金融市场上的短期超额收益而进行的跨行业套利行为（王红建等，2016）。

本小节主要以企业实体投资相对收益率和股东价值导向为例，从理论上简要阐释企业内部因素如何影响实体企业“脱实向虚”。

首先，实体投资相对收益率偏低驱动实体企业“脱实向虚”。正如《资本论》所指出的，资本的本质是逐利，实体投资和金融投资相对回报率的差异决定了企业的资金配置流向。从短期来看，金融投资见效快、收益高，而实体投资周期较长，在短期内难以变现，从而出现短期内企业实体投资相对收益率偏低的情形。在资本逐利天性以及企业短视目光的共同驱使下，企业更倾向于将持有资产配置于金融市场上，引发了实体企业“脱实向虚”。Demir（2009）、谢家智等（2014）也强调了金融投资收益相对实体投资收益的虚高是诱使制造业实体企业“脱实向虚”的重要原因。一些其他的企业内部因素诸如主营业务成长性，也可沿用上述逻辑进行解释：企业主营业务成长性较好，意味着企业在实体业务上“有利可图”，其实体投资相对收益率较高，此时企业将更少地涉足金融市场。

其次，股东价值导向驱动实体企业“脱实向虚”。根据张成思（2019），实体企业“脱实向虚”的一个重要成因在于企业经营理念的转变，也就是前文提及的股东价值导向。以长期发展导向和短期股东价值导向为例，假定市场上同时存在两家企业A和B，企业A是以长期发展为导向，企业B则以实现股东价值最大化为目标。以研发创新为代表的生产性投资和金融投资是企业配置资源的两种不同形式。一方面，企业A在面临好的研发机会时，会将企业资源大量投向研发创新领域，以增强企业的核心技术，提高研发成功新产品的概率，进而维持企业在市场上的长期竞争力。然而企业B在面临这样的机会时，管理层可能不会进行大规模的投入，主要原因在于：一是研发创新面临着一定的失败概率，从而影响到企业的股票市场表现，管理层出于短期股东价值最大化的考虑，对研发创新持谨慎态度。二是短期激励考核机制决定了管理层对研发创新活动偏好较小，主要原因在于，研发创新活动的周期长、见效慢，管理层在有限的任期内难以有效实现研发创新红利。另一方面，企业A在金融投资决策上会相对保守，由于研发创新活动需要大量的资金投入，企业A用于金融投资的资金规模有限，企业A持有部分闲置资金并投向金融市场，但在研发创新活动面临资金需求时，企业A会及时出售金融资产，以满足资金流动性。然而，企业B在金融投资决策上会采用更为激进的策略，金融市场上的短期超额收益有助于管理层粉饰资产负债表，更好地迎合股东的需求，这种经营理念的变化反映在企业B上就表现为其更多地参与金融市场和关注短期收益，在投资决策中会逐渐减少生产性投资，形成金融投资路径依赖。

3.2 驱动实体企业“脱实向虚”的宏观因素

企业是既定经济政策环境下的市场参与者，宏观经济政策不确定性作为企业外部政策环境的重要组成部分，无疑是影响企业金融投资决策的重要因素之一。Duchin等（2017）认为，随着宏观经济政策不确定性的提高，出于应对现金流不确定的考虑，企业会降低流动性较差的固定资产投资，而更倾向于持有流动性较强的金融资产。聂辉华（2020）使用中国沪深A股上市公司数据检验了这一观点，他们通过文本挖掘方法来测度企业不确定性感知指标，发现企业感受到的政策不确定性的升高，会显著抑制固定资产投资，但是促进了金融资产投资。然而，彭俞超等（2018a）却得出不同的结论，其研究结果表明宏观经济政策不确定性对实体企业“脱实向虚”具有显著的抑制作用。具体来看，宏观经济政策不确定性增加1个标准差，企业金融资产投资增速大约降低3.4%，并且这种负向影响具有异质性特征，在中西部地区以及竞争性行业中更为明显。对此，可能的解释是宏观经济政策不确定性的上升会显著增加金融资产价格的波动性和金融投资风险，出于风险规避的目的，管理层的金融投资的意愿会减弱。

企业所处的宏观经济周期变化对于理解实体企业“脱实向虚”现象同样重要。胡奕明等（2017）研究了经济周期变化与金融投资之间的关系，发现GDP的趋势成分与金融投资之间存在显著的正相关关系，实体企业金融投资会随着经济产出的增加而增加。此外，从GDP的周期成分来看，企业的金融资产投资在经济扩张期间呈现增加态势，在经济收缩期间呈现下降态势，说明经济周期扩张也是实体企业“脱实向虚”的重要驱动力量。

还有一些学者从货币供给的角度研究了实体企业“脱实向虚”的成因。杨筝等（2017）通过研究货币供给与交易性金融资产的关系，来说明实体企业“脱实向虚”的动因。基于2003—2013年间中国A股上市公司数据的研究发现，在货币环境宽松的条件下，企业配置的交易性金融资产处于相对高位水平，而货币政策趋紧时，企业的金融资产配置水平出现了明显的下降。胡奕明等（2017）的研究表明，无论是从趋势成分还是从周期成分来看，广义货币供给M2都与企业金融资产投资呈现显著的正相关关系，据此他们进一步指出企业配置金融资产主要是出于预防性储备考虑的“蓄水池”动机。

本小节以广义货币M2、金融市场表现和宏观经济周期波动为例，试图说明宏观因素对实体企业“脱实向虚”的作用机理。

首先，广义货币M2的增加会驱动实体企业“脱实向虚”。广义货币M2反映了通货膨胀的压力状态和经济总需求的变化，是诸多国家货币政策的调控目标。一般而言，广义货币M2增速较高，表示货币环境处于较为宽松状态，对企业的影响主要体现在融资约束的缓解上。在货币环境宽松条件下，企业用于金融资产投资的内外部资源更加充沛，企业更有“能力”进行金融资产投资，其配置的金融资产也相应较高；相反，在货币政策趋紧时，企业可以支配的内外部资源较为有限，企业金融资产投资的“能力”受到制约，金融投资规模会出现明显的下降。从经验研究来看，杨筝等（2017）、胡奕明等（2017）均发现广义货币M2增速和企业金融资产投资呈现显著的正相关关系。

其次，经济周期波动对微观企业行为的影响引起了诸多研究的关注（苏冬蔚和曾海舰，2009；江龙和刘笑松，2011；李明等，2016；张云等，2020），企业所处的经济周期会对企业金融资产投资决策产生重要影响。一方面，在宏观经济扩张期间，企业在实体业务上的盈利能力较强，此时实体经济的投资回报率较高，企业更愿意将资金投向主营业务和研发创新活动，相应地降低对金融资产投资。与之相反，在宏观经济下行期间，由于实体经济表现不佳，企业可能会减少实体业务投资，相应地增加金融资产投资。也就是说，宏观经济周期与实体企业“脱实向虚”呈现负相关关系。但另一方面，在宏观经济扩张期间，金融和房地产市场的投资回报率也维持在较高水平，这会诱使企业加大金融投资力度；而在宏观经济下行期间，金融和房地产市场表现不佳且投资风险较高，会削弱企业金融投资意愿。也就是说，宏观经济周期与实体企业“脱实向虚”也可能呈现正相关关系。

再次，金融市场表现会对实体企业“脱实向虚”产生重要影响，其影响方向主要取决于实体企业“脱实向虚”的动机。如果企业投资金融资产主要是出于“投机动机”，即为了追逐金融市场上的短期超额收益而进行的跨行业套利行为，当股价和房价持续上涨时，为了追逐短期超额收益，企业会不断追加金融资产投资规模，其大量资金将停留在虚拟经济中“空转”，用于主营业务上的经济资源会随之减少，“脱实向虚”程度会随之上升，此时金融市场表现与实体企业“脱实向虚”呈现正相关关系。反之，如果企业投资金融资产是以“蓄水池动机”为主，即基于预防性储备考虑，那么企业会在股票市场和房地产市场价格上涨时，卖出持有的金融资产，并将这些资金投向实体经济，此时，金融市场表现与实体企业“脱实向虚”呈现负相关关系。也就是说，金融市场表现与实体企业“脱实向虚”的关系具有不确定性，主要取决于实体企业“脱实向虚”的动机，如果实体企业“脱实向虚”以“投机动机”为主，那么金融市场表现与实体企业“脱实向虚”存在正相关关系；反之，企业投资金融资产是以“蓄水池动机”为主，那么金融市场表现与实体企业“脱实向虚”存在负相关关系。

3.3　企业间传染因素：同伴效应的重要作用

传统的企业财务和金融理论将企业视为既定经济环境下的独立个体，通常假设企业的决策是独立完成的（陆蓉和常维，2018），这些研究习惯性忽略同伴企业在财务和金融决策中的作用。随着群体性模仿现象被社会学研究的不断证实（Coleman，1988；Glaeser等，1996），经济和金融学领域的学者们开始重视对同伴效应的研究，通过研究发现同伴效应广泛存在于经济和金融中的诸多领域，并深刻影响着经济主体的行为决策，因此深入理解实体企业“脱实向虚”现象离不开对同伴效应的讨论。

社会学领域最早提出“同伴效应”一词。Hyman（1942）首次提出，社会参照组内个体会学习参照组内其他个体的某些行为和态度，并受其影响。同伴效应（peer effects）是指关系较近的个体之间相互作用时，某一个体的行为受到包含该个体参照组内其他成员行为或特征的影响。它是一个涉及社会学、经济学、管理学等多学科的概念，其基本特征是：（1）贯穿于决策过程的始终，即同伴的行为可以通过改变决策者的偏好、期望和行动选择集合来改变其决策行为；（2）不仅关注同伴对某一个体单一方向的影响，还强调个体之间内生的互动作用，即决策者与同伴在行为决策上存在主动的相互影响关系；（3）同伴行动的溢出作用导致某决策行为在参照组层面的波动是其在个体层面波动的数倍，即具有乘数效应。同伴效应的研究最早始于教育学和社会学领域，例如学校内同伴对个体的学习成绩、犯罪行为等社会活动的影响。随后经济学家借用同伴效应概念，研究了同事或邻居对个人的股票投资、创业活动等经济活动的影响（钟田丽和张天宇，2017）。

Shue（2013）把哈佛商学院MBA入学时所采用的专业随机分配政策视为一项自然试验，在此背景下考察了高管的同伴网络如何影响企业的经济决策，研究发现企业的经营的信息和信念会通过高管网络关系进行传播。具有高管联结的企业，在投资、杠杆率、利息覆盖率、高管薪酬和收购活动等方面表现出显著的政策趋同性。

Leary和Roberts（2014）基于1965—2018年间美国上市公司的财务数据，考察了同伴企业在公司资本结构和金融决策中的重要作用。研究发现，企业在制定负债率政策时会重点考虑其同伴企业的负债率情况，同时也会注意同伴企业的成长性、财务风险等因素，平均来看，同伴企业行为对企业的影响甚至超过众多企业个体特征。此外，通过不同规模的企业迥异表现来看，小规模和经营差的企业对大规模和经营成功的同伴企业表现更为敏感。

Grennan（2019）则关注了企业股利政策中的同伴效应。基于同伴效应模型和工具变量估计的研究结果显示，同行业其他企业的股息决策是企业股息政策的重要决定因素，同行业其他企业的行为对该企业股利增加有着显著的影响，但对股利减少却没有明显的影响。总体而言，同行的影响使得公司将两次分红之间的时间缩短了约1.5个季度，并将派息率提高了16%。这些发现与在Lintner的部分分红调整模型的研究结论是一致的。此外，同伴效应主要存在于企业分红中，企业回购没有表现出同伴效应。

万良勇等（2016）研究了中国的企业并购决策是否具有同伴效应。基于2003—2014年间我国A股上市公司的并购数据的研究发现，企业的并购行为与同行业中其他企业的并购行为密切相关，并且所有权性质相同的企业之间同伴效应更为显著。进一步研究发现，企业规模和公司治理水平影响着同伴效应的发挥，大企业和公司治理水平高的企业更容易成为同行的模仿目标，小企业和公司治理水平欠佳的企业往往以追随者形式存在。

易志高等（2019）关注了上市公司管理层的集中减持现象，发现管理层的股票减持决策会受到同伴企业的影响，同伴效应是管理层减持的重要诱因，并且这种同伴模仿现象会受到经济环境不确定、管理层的地位以及企业市场份额的影响。他们还进一步发现管理层清仓式的集中减持行为会导致更加明显的同伴模仿行为，进而增加了股价崩盘风险。

地方政府经济决策中的同伴效应也得到部分学者的重视。邓慧慧和赵家羚（2018）利用2006—2014年我国的地级市数据和空间计量模型，基于同伴效应的角度分析了地方政府成立开发区的动机。研究表明，在做出建立开发区决策时，地方政府并不是完全根据自身经济条件来决定是否设立开发区，而是会模仿其相邻城市地方政府的开发区决策，特别是发达城市和欠发达城市相互之间的模仿强度最高。通过进一步的研究发现，地方政府在开发区政策上的相互模仿行为主要根源是财政分权制度下的标尺竞争。

王健等（2019）基于2007—2016年间我国地级市的土地出让数据以及空间计量模型，实证研究了地方土地出让中的同伴效应。结论是，地方政府之间策略互动与土地出让密切相关，相邻城市的新增建设土地出让面积越大，该城市也会相应地提高新增建设用地的出让面积。此外，这种竞相模仿行为具有显著的异质性特征，主要体现在政府土地出让中的同伴效应在东部地区中尤为明显，并且同伴效应主要集中在商业服务用地和工业用地上。这意味着决策部门在制定适合的土地政策和房地产调控政策时，不仅要做到“因地制宜”，还要从全局互动的视角来考虑经济政策溢出性。

随着政府对金融业管制的放松，越来越多的实体企业通过金融资产投资的形式涉足金融领域（李维安和马超，2015），其中扎堆现象更是频频出现。例如，家电巨头海尔集团自2001年提出“脱实向虚”战略以来，金融资产投资已涵盖了证券、保险、银行、信托、房地产等多个金融板块，同行业的其他企业也纷纷跟进效仿，如长虹集团、TCL科技集团和海信集团等传统的家电企业也大力布局金融业务，设立投资公司、金融事业部、置业公司等。上述现象固然与行业经济环境的变化有关，但同样可以从同伴效应理论中寻求解释。

从短期来看，金融和房地产市场的投资回报率可能高于实体回报率，当一些实体企业率先在金融、房地产市场展开投资并获利时，它们会通过各种途径释放金融获利的信号。由于同行业、同地区的企业往往存在较强的经济关联（如竞争、上下游关系等），其他同伴企业在收到信号后，也倾向于采用“脱实向虚”的方式进行套利。另外，高管作为实体企业“脱实向虚”的决策人的同时也是社会人，同伴企业的高管之间往往存在千丝万缕的关系。根据社会网络理论，同行业的高管可能通过教育背景、任职历史联结在一起，同地区的高管可能通过关系网络联结在一起。有关“脱实向虚”的信息和信念也会通过这种高管网络关系进行传播，进而出现群体性的“脱实向虚”行为（Fracassi，2017）。此外，同伴效应也可以在不同行业、不同规模和互不联系但理念相似的公司管理层之间传递和放大。

通过上述梳理可以发现，现有文献从不同角度阐述了实体企业“脱实向虚”的潜在成因，主要包括企业内部因素和宏观因素两大类，这为本章研究实体企业“脱实向虚”的成因提供了重要参考，但是仍然存在如下不足和改进空间：

第一，现有关于实体企业“脱实向虚”驱动因素的研究，鲜有研究考虑到企业间传染因素的重要作用，忽视了同伴效应对实体企业“脱实向虚”的影响。实际上，随着信息技术的发展和资本市场信息披露制度的不断完善，企业能够较为便捷地获取经营环境类似或地缘相近的同伴企业的信息。企业在进行金融投资决策时不仅仅局限于自身的经济环境和经营状况，它们往往会参考同伴企业的信息和经济特征（Park 等，2017）。同伴效应的影响已经被证实广泛存在于个体和企业的行为中，并深刻影响着企业的经济、金融投资决策，因此，深刻认识实体企业“脱实向虚”现象离不开对同伴效应的讨论。

第二，现有研究一般仅仅关注企业内部因素或宏观因素中的某一特定方面，同时分析两大类因素的文献十分少见。众所周知，实体企业的金融投资决策会受到企业内部因素和所处宏观经济环境的共同影响，将研究视角局限于某一特定方面，也就难以窥得实体企业“脱实向虚”成因的全貌。因而，将企业间的同伴效应、企业内部的实体投资相对收益率、企业财务特征、企业管理层特征，以及宏观层面的GDP周期、货币供应、金融市场表现等因素置入统一的研究框架，可以更加全面、深入地阐释实体企业“脱实向虚”的形成原因。

第三，尽管同伴效应现象被证实存在于企业资本结构、并购决策、高管薪酬政策等领域中（Leary 和 Roberts，2014；万良勇等，2016；Bizjak 等，2008）。但企业金融投资中的同伴效应尤其值得关注，因为实体企业“脱实向虚”的这种竞相模仿行为存在着非理性风险，并具有极强的外部性，不仅对企业有着重要影响，还可能传播、扩散到整个市场。现有研究很少对企业金融资产投资中的扎堆现象进行深入剖析，关于企业金融资产投资中的同伴效应如何影响企业风险，更是鲜有涉及。

有鉴于此，本章将在 Leary 和 Roberts（2014）、Grennan（2019）的基础上构建同伴效应模型，同时研究企业内部因素、宏观因素以及企业间的同伴效应对实体企业“脱实向虚”的影响，以期能够较为深入地解读中国实体企业“脱实向虚”现象。此外，考虑到群体性模仿行为对理解实体企业“脱实向虚”现象极其重要，并且金融投资中的同伴效应存在着非理性风险和极强的外部性，其对金融体系稳定和实体经济发展有着重大影响。本章还专门考察了企业为何会模仿其同伴企业的“脱实向虚”行为，并从实体经营风险的视角分析了这种群体性模仿行为对实体经营风险的潜在影响。

3.4 模型构建、变量测算与描述性统计

3.4.1 同伴效应模型的构建

考虑到实体企业“脱实向虚”决策可能不是独立完成的，而是受同行业/同地区的同伴实体企业“脱实向虚”决策的影响，本章采用同伴效应模型，同时考察企业间传染因素、企业内部因素以及宏观因素对实体企业“脱实向虚”的影响。

假定k地区、j行业的企业i在年份t属于同伴组别Ω_{ijkt}。Fin_{ijkt}表示企业i的“脱实向虚”程度，X_{ijkt}和Z_t分别表示可以观测的企业内部因素和宏观因素。根据Leary和Roberts（2014）、Grennan（2019），企业i的结果变量Fin_{ijkt}可以表示为同伴的结果变量$\overline{Fin}_{-ijkt-1}$、企业内部因素X_{ijkt-1}和宏观因素Z_{t-1}的函数：

$$Fin_{ijkt} = \alpha + \beta \overline{Fin}_{-ijkt-1} + \theta' X_{ijkt-1} + \delta Z_{t-1} + \mu_i + \nu_t + \varepsilon_{ijkt} \tag{3.1}$$

关于同伴企业的界定，与易志高等（2019）相似，本章按照行业和地区划分同伴企业，企业i的同伴企业分别定义为同行业中除i外的所有企业、同地区中除i外的所有企业。其中，$\overline{Fin}_{-ijkt-1} = \frac{\sum_{i \in \Omega_{ijkt-1}} Fin_{ijkt-1}}{\#\Omega_{ijkt-1} - 1}$表示同伴实体企业“脱实向虚”水平，$\Omega_{ijkt-1}$为企业i所在的行业j/地区k中所有企业集合，$\#\Omega_{ijkt-1}$为企业i所在的行业j/地区k中所有企业的数量，$\overline{Fin}_{-ijkt-1}$为除i外同伴企业的“脱实向虚”水平均值。$\overline{Fin}_{-ijkt-1}$前的系数β有效地识别了同伴效应，若假设模型（3.1）成立，则β显著大于零。考虑到企业需要时间来对经济环境的变化做出反应，模型中的解释变量均作滞后一期处理，该做法也可以在一定程度上缓解双向因果关系的影响（Kini和Williams，2012）。此外，为了缓解不可观测异质性的影响，模型还分别控制了个体固定效应μ_i和时间固定效应ν_t。值得强调的是，时间固定效应ν_t对时间不可观测异质性的刻画程度要强于有限的宏观因素Z_t，当Z_t和ν_t同时纳入模型时，Z_t的估计系数会被ν_t吸收，因

此，在考察宏观因素对实体企业“脱实向虚”的影响时，模型中不再纳入时间固定效应。

3.4.2 变量测算

1）同伴企业传染

本章关心的核心解释变量为同伴实体企业“脱实向虚”水平 $\overline{Fin}_{-ijkt-1}$，因此对同伴企业的界定十分重要。现有研究采用不同标准定义了同伴企业，例如，相同行业（Leary和Roberts，2014）；相同地理区域（Parsons等，2018）；共同卖方分析师（Kaustia和Rantala，2015）。与易志高等（2019）相似，本章在界定同伴企业的同时，采用了两种衡量标准：一是行业同伴企业，是指同一行业的企业，行业变量的划分是依据2001版证监会行业分类代码，制造业按照二级代码进行分类，其他行业按照一级代码进行分类，共涉及19个行业；二是地区同伴企业，是指同一地区的企业，地区变量是按照省级行政单位进行划分，涉及31个省、自治区、直辖市。因此，模型（3.1）中同伴实体企业“脱实向虚”水平 $\overline{Fin}_{-ijkt-1}$ 用同行业（同地区）其他企业的金融资产平均持有份额（除企业i外）来衡量。解释变量还纳入了以下可能影响企业金融投资行为的企业内部因素和宏观因素。

2）企业内部因素

金融投资与固定资产投资收益率之差（Gap）。参考张成思和郑宁（2018）、李建军和韩珣（2019），金融投资收益率可用金融投资收益与金融资产的比例衡量，具体测算方式为：（利息净收入+公允价值变动收益+汇兑收益+投资收益-对联营企业和合营企业的投资收益）/金融资产投资总额，金融资产的定义如上。固定资产投资收益率则用主营业务收益率代替，具体测算方式为：营业利润/（固定资产净额+无形资产净额+流动资产合计-流动负债合计）。

股权集中度（Share）。本章采用股权集中度从侧面去刻画股东价值导向强度，主要考虑如下：股权集中度从一定程度上反映了股东对管理层的控制、约束程度。股权集中程度越高，股东能够越有效地减少代理成本、降低信息不对称，从而实现股东价值诉求，具体测算方式为：前十大股东的持股占比。

企业成长性（Growth）。采用企业主营业务收入年增长率来衡量企业成长性。主营业务发展态势良好的企业，会把更多经济资源配置在实体业务上，对金融投资的依赖性较小；与之相反，主营业务经营不善的企业更容易涉足金融市场。

企业财务杠杆率（Leverage）。使用企业总负债/总资产衡量。低水平的财务杠杆会减缓企业金融投资的资金限制，使得企业更有“能力”去进行金融资产投资。

其他企业内部因素。参考张成思和张步昙（2016）、Shi和Zhang（2018）等研究企业金融投资决定因素的文献，模型还控制了其他可能影响企业投资的因素：企业规模（Size）：总资产的自然对数；利润率（Roa）：净利润/总资产；经营性现金流（Cash）：经营性现金流净额/总资产；企业产权性质（Owner）：根据企业股权性质赋值，国有企业取1，非国有企业取0。

3）宏观因素

广义货币供给（M2）。本章采用广义货币供给的年增长率数据衡量货币供给的变化趋势。

宏观经济周期波动（Cycle）。本章严格依据经济周期理论，用宏观经济产出偏离长期增长路径的幅度来衡量经济周期波动。具体而言，将产出GDP剔除价格因素后进行HP滤波过滤得到经济周期成分。考虑到滤波方法对样本数量要求较高，本章选取1978年至2018年GDP数据进行滤波处理，最后，本章保留2007年至2018年的数据用作模型估计。GDP平减指数和名义GDP数据来源于中经网统计数据库。

金融市场和房地产市场表现。本章选择股市表现（Stock）来表征金融市场运行情况，股票市场表现选取上证综合指数和深证综合指数的年收益率数据的均值来衡量。进一步采用商品房平均销售价格与上一年价格比较得到房价增长率序列，并用其代理房地产市场表现（House）。股票市场综合指数数据和商品房价格数据均可由中经网统计数据库查询得到。

3.4.3 样本与描述性统计

本章选取2007—2018年沪深两市非金融类A股上市公司作为研究样本，并对原始数据按照公司金融领域的一般性做法进行了加工，详细的处理方式可参见实体企业"脱实向虚"测算部分。为了避免极端值对研究结论产生重要影响，本章对企业层面的连续变量进行了1%和99%水平的Winsorize处理。经过上述处理后，本章得到15 189个有效样本，是包含2 160家企业的非平衡面板数据。值得一提的是，本章最终使用的样本范围是2009—2018年，主要是由于部分解释变量以增长率形式呈现，并且模型中需要用到滞后期序列。

表3-1汇总了主要变量的描述性统计结果。从表3-1可以看出，实体企业"脱实向虚"Fin的均值为0.0218，与彭俞超等（2018b）的统计结果差异不大，说明平均来看上市公司投资的金融资产占总资产的比例约为2.18%。不同企业的"脱实向虚"程度差异较大，有的企业没有配置任何金融资产，有的企业把超过85%的资产配置在金融市场上。

从企业间传染因素来看，同行业/同地区同伴企业的"脱实向虚"水平$\overline{Fin}_{-i}$均值均为0.0192，与实体企业"脱实向虚"Fin的均值相当。其中，行业变量的划分依据是2001版证监会行业分类代码，制造业按照二级代码进行分类，其他行业按照一级代码进行分类，共涉及19个行业（鲁桐和党印，2014），具体行业分类见表3-2。地区变量是按照省级行政单位进行划分，涉及31个省、自治区、直辖市。

表3-1　　主要变量的描述性统计

项目	变量名	样本数	均值	标准差	最小值	最大值
被解释变量	Fin_{ijkt}	15 189	0.0218	0.0562	0	0.8588
企业间传染因素	$\overline{Fin}_{-ijkt-1}\_ind$	15 189	0.0192	0.0125	0	0.1557
	$\overline{Fin}_{-ijkt-1}\_reg$	15 189	0.0192	0.0133	0	0.0776

续表

项目	变量名	样本数	均值	标准差	最小值	最大值
企业内部因素	Gap_{ijkt-1}	15 189	0.1284	0.8086	-0.8974	0.7688
	$Size_{ijkt-1}$	15 189	22.1085	1.1904	19.2226	25.9911
	$Leverage_{ijkt-1}$	15 189	0.4538	0.1981	0.0578	1.0029
	$Cash_{ijkt-1}$	15 189	0.0485	0.0653	-0.1735	0.2501
	Roa_{ijkt-1}	15 189	0.0393	0.0474	-0.1924	0.2087
	$Growth_{ijkt-1}$	15 189	0.1622	0.3741	-0.5759	4.0242
	$Share_{ijkt-1}$	15 189	0.5499	0.1517	0.2141	0.9051
	$Owner_{ijkt-1}$	15 189	0.4979	0.5001	0.0000	1.0000
宏观因素	$M2_{ijkt-1}$	15 189	0.1468	0.0492	0.0904	0.2842
	$Cycle_{ijkt-1}$	15 189	0.0271	0.0377	-0.0503	0.0869
	$Stock_{ijkt-1}$	15 189	0.0823	0.3736	-0.6358	0.9855
	$House_{ijkt-1}$	15 189	0.0738	0.0546	-0.0166	0.2318

从企业内部因素来看，金融投资与固定资产投资收益率之差Gap的均值为0.1284，说明企业金融投资收益率要高于实体投资收益率。前十大股东股权占比Share的均值为0.5499，说明平均而言，企业股权较为集中，大股东对管理层具有一定的控制、约束能力，进而实现股东价值诉求。企业成长性Growth的均值为0.1622，说明企业主营业务收入年均增长16.22%。企业资产负债率Leverage均值为0.4538，说明我国上市公司平均持有相当于自身资产45.38%的债务。其他变量的描述性统计结果与现有文献差异不大，不再赘述。从宏观因素来看，M2的均值为0.1468，说明货币当局的广义货币供应量以年均14.68%的速率增长。经济周期Cycle的均值为0.0271，接近于0，反映了经济围绕长期趋势上下波动的态势。股票市场和房地产市场价格在近年来的平均增长势头较

为明显，年均增长率在7%~9%。

表3-2 **细分行业类别**

	制造业	其他行业
证监会行业分类	食品、饮料业（C0）；纺织、服装、皮毛业（C1）；木材、家具业（C2）；造纸、印刷业（C3）；石油、化学、塑胶、塑料业（C4）；金属、非金属业（C6）；机械、设备、仪表业（C7）；医药、生物制品业（C8）；其他制造业（C9）	农、林、牧、渔业（A）；采掘业（B）；电力、煤气以及水的生产和供应业（D）；建筑业（E）、交通运输、仓储业（F）；信息技术业（G）；批发、零售贸易业（H）；社会服务业（K）；传播和文化产业（L）；综合类（M）

注：资料来源于证监会2001年版行业分类代码。

表3-3给出了各变量之间的Pearson相关系数矩阵，可以发现同行业企业传染$\overline{Fin}_{-i}$_ind与实体企业“脱实向虚”存在显著正相关关系；在企业内部因素中，金融投资与固定资产投资收益率之差Gap、企业规模Size、股权集中度Share与实体企业“脱实向虚”存在显著正相关关系，杠杆率Leverage、经营性现金流Cash、企业成长性Growth与实体企业“脱实向虚”存在显著负相关关系，利润率Roa、所有制性质Owner与实体企业“脱实向虚”没有表现出显著的相关关系。在宏观因素中，股票市场表现（Stock）与实体企业“脱实向虚”存在显著正相关关系，经济周期Cycle、房地产市场表现（House）与实体企业“脱实向虚”没有表现出显著的相关关系。当然，上述变量与实体企业“脱实向虚”的关系仅仅是统计上的相关关系，更严格的因果关系还需要通过计量经济学模型来检验。表3-4报告了变量的方差膨胀因子VIF，可见无论同伴企业传染变量为行业同伴效应（$\overline{Fin}_{-ijkt-1}$_ind）抑或为地区同伴效应（$\overline{Fin}_{-ijkt-1}$_reg），所有解释变量对应的方差膨胀因子VIF均小于经验值10。因此，模型中不存在严重的多重共线性问题，可以建立计量模型进行回归。

表3-3 Pearson相关系数矩阵

	Fin	$\overline{Fin}_{-i}$_ind	$\overline{Fin}_{-i}$_reg	Gap	Size	Leverage	Cash	Roa	Growth	Share
Fin	1									
$\overline{Fin}_{-i}$_ind	0.172***	1								
$\overline{Fin}_{-i}$_reg	0.171***	0.413***	1							
Gap	0.042***	-0.001	-0.045***	1						
Size	0.015*	0.100***	0.102***	-0.060***	1					
Leverage	-0.112***	-0.038***	-0.100***	-0.016**	0.404***	1				
Cash	-0.041***	-0.015*	0.007	0.044***	0.034***	-0.138***	1			
Roa	0.012	0.003	0.024***	0.041***	-0.003	-0.393***	0.388***	1		
Growth	-0.031***	0.036***	0.019**	0.000	-0.032***	-0.008	-0.035***	0.009	1	
Share	0.093***	0.025***	-0.040***	-0.029***	-0.171***	0.124***	-0.117***	-0.229***	-0.036***	1
Owner	-0.007	-0.036***	-0.100***	-0.012	0.262***	0.254***	0.020**	-0.134***	-0.066***	0.038***
M2	0.080***	0.359***	-0.336***	-0.030***	0.188***	-0.101***	-0.069***	-0.013	0.083***	0.055***
Cycle	-0.008	0.078***	0.072***	-0.010	0.105***	-0.070***	-0.107***	0.069***	-0.079***	-0.059***
Stock	0.033***	0.136***	0.130***	-0.026***	0.020**	0.011	0.040***	-0.023***	0.069***	0.020**
House	-0.012	-0.022***	-0.019**	-0.001	-0.027***	0.019**	0.051***	0.013	0.156***	0.013

注：*、**、***分别表示在10%、5%、1%的水平上显著。

表3-4 **方差膨胀因子**

变量	VIF	1/VIF
主要解释变量为行业同伴效应（$\overline{Fin}_{-ijkt-1}$_ind）		
$\overline{Fin}_{-ijkt-1}$_ind	1.31	0.7645
Gap_{ijkt-1}	1.01	0.9899
$Size_{ijkt-1}$	1.54	0.6504
$Leverage_{ijkt-1}$	1.60	0.6234
$Cash_{ijkt-1}$	1.22	0.8212
Roa_{ijkt-1}	1.49	0.6702
$Growth_{ijkt-1}$	1.04	0.9595
$Share_{ijkt-1}$	1.12	0.8932
$Owner_{ijkt-1}$	1.17	0.8513
$M2_{ijkt-1}$	3.20	0.3128
$Cycle_{ijkt-1}$	1.87	0.5343
$Stock_{ijkt-1}$	1.97	0.5086
$House_{ijkt-1}$	2.70	0.3705
主要解释变量为行业同伴效应（$\overline{Fin}_{-ijkt-1}$_reg）		
$\overline{Fin}_{-ijkt-1}$_reg	1.27	0.7901
Gap_{ijkt-1}	1.01	0.9897
$Size_{ijkt-1}$	1.54	0.6493
$Leverage_{ijkt-1}$	1.61	0.6216
$Cash_{ijkt-1}$	1.22	0.8214
Roa_{ijkt-1}	1.49	0.6716
$Growth_{ijkt-1}$	1.04	0.9608
$Share_{ijkt-1}$	1.12	0.8960
$Owner_{ijkt-1}$	1.17	0.8518
$M2_{ijkt-1}$	3.05	0.3275
$Cycle_{ijkt-1}$	1.87	0.5355
$Stock_{ijkt-1}$	1.96	0.5101
$House_{ijkt-1}$	2.68	0.3727

3.5 实体企业“脱实向虚”的成因分析

3.5.1 同伴企业传染与实体企业“脱实向虚”

表3-5首先检验了实体企业的金融资产投资行为是否存在行业同伴效应。第（1）列仅纳入同伴实体企业“脱实向虚”水平，可以看到同伴实体企业“脱实向虚”水平与实体企业“脱实向虚”程度存在显著的正相关关系。为了控制来自个体、时间层面不可观测异质性的影响，第（2）列加入了个体固定效应和年份固定效应，可以看到，同伴实体企业“脱实向虚”水平的估计系数为正且通过了1%水平的显著性检验，说明同行业中同伴企业的“脱实向虚”程度越高，该企业金融资产配置比例越高，初步说明实体企业“脱实向虚”存在行业同伴效应。第（3）列进一步控制了企业内部因素和宏观因素，回归结果显示，同伴实体企业“脱实向虚”水平的估计系数较第（2）列略有增加，且显著性有所增强。需要指出的是，第（3）列中，本章没有控制时间固定效应，因为当时间固定效应和宏观因素同时纳入模型时，宏观因素的估计系数会被吸收。考虑到相较于有限的宏观因素，时间固定效应能够更好地控制时间不可观测异质性，因此，第（4）列同时纳入了企业间传染因素、企业内部因素、个体固定效应和时间固定效应，回归结果表明，同伴实体企业“脱实向虚”水平的估计系数仍然为正且通过了1%水平的显著性检验，说明实体企业“脱实向虚”存在行业同伴效应的研究结论具有一定的稳健性，另外，从R^2来看，与控制有限的宏观因素相比，控制时间固定效应后，模型的解释能力更强。从估计系数的数值大小来看，行业同伴企业的金融资产投资份额每增加1%，该企业会增持相当于自身资产0.45%左右的金融资产，经济效应十分明显。

接下来，表3-5进一步检验了实体企业“脱实向虚”是否存在地区同伴效应，第（5）—（8）列以地区同伴企业的金融资产平均配置比例作为核心解释变量。从回归结果中可以看到，同伴实体企业“脱实向

表3-5 **基准回归结果**

		行业			地区			
	(1)	(2)	(3)	(4)	(5)	(6)	(7)	(8)
$\overline{Fin}_{-i}$	0.7720*** (0.0672)	0.4489*** (0.1059)	0.4774*** (0.0666)	0.4506*** (0.1068)	0.7234*** (0.0456)	0.1545** (0.0782)	0.3388*** (0.0522)	0.1542* (0.0792)
Gap			0.0027*** (0.0004)	0.0027*** (0.0004)			0.0027*** (0.0004)	0.0028*** (0.0004)
Size			0.0007 (0.0010)	-0.0001 (0.0010)			0.0013 (0.0010)	-0.0001 (0.0010)
Leverage			-0.0265*** (0.0041)	-0.0255*** (0.0040)			-0.0281*** (0.0041)	-0.0260*** (0.0041)
Cash			-0.0132** (0.0066)	-0.0122* (0.0067)			-0.0135** (0.0067)	-0.0129* (0.0067)
Roa			-0.0079 (0.0117)	-0.0060 (0.0118)			-0.0101 (0.0118)	-0.0074 (0.0119)
Growth			-0.0025*** (0.0009)	-0.0023*** (0.0009)			-0.0022** (0.0009)	-0.0022** (0.0009)
Share			0.0176*** (0.0048)	0.0163*** (0.0048)			0.0159*** (0.0049)	0.0139*** (0.0049)

续表

		行业			地区			
	(1)	(2)	(3)	(4)	(5)	(6)	(7)	(8)
Owner			−0.0063* (0.0035)	−0.0058* (0.0034)			−0.0057 (0.0034)	−0.0051 (0.0034)
M2			0.1330*** (0.0153)				0.1544*** (0.0141)	
Cycle			−0.0848*** (0.0110)				−0.0914*** (0.0110)	
Stock			0.0020* (0.0012)				0.0027** (0.0011)	
House			0.0340*** (0.0099)				0.0398*** (0.0097)	
Constant	0.0070*** (0.0012)	0.0086*** (0.0018)	0.0218 (0.0221)	0.0160 (0.0212)	0.0079*** (0.0008)	0.0114*** (0.0017)	0.0169 (0.0225)	0.0213 (0.0211)
Firm FE	No	Yes	Yes	Yes	No	No	Yes	Yes
Year FE	No	Yes	No	Yes	No	No	No	Yes
Obs.	15 189	15 189	15 189	15 189	15 189	15 189	15 189	15 189
R^2	0.0294	0.6802	0.6811	0.6834	0.0292	0.0632	0.6791	0.6819

注：括号中是经过异方差调整的稳健型标准误；*、**、***分别表示在10%、5%、1%的水平上显著。

虚”水平的估计系数均为正，且至少通过10%的显著性水平检验，这验证了地区同伴效应的存在性。从第（8）列的数值来看，地区同伴企业的金融资产投资份额每增加1%，该企业会增持相当于自身资产0.15%左右的金融资产。通过比较估计系数的数值可以发现，地区同伴效应要弱于行业同伴效应。

综上所述，实体企业“脱实向虚”存在显著的行业同伴效应以及地区同伴效应。这意味着，企业在做出“脱实向虚”决策时，并不是孤立进行的，而是会重点参考同行业和同地区的其他企业的“脱实向虚”决策。该结论的重要启示在于，当前实体企业“脱实向虚”现象日益凸显的一个重要成因在于企业金融资产投资中的竞相模仿行为。这不仅从企业间策略互动视角为实体企业“脱实向虚”现象提供一种新的解读，而且为决策部门经济政策的制定提供了崭新的视角。

3.5.2 企业内部因素与实体企业“脱实向虚”

金融投资与固定资产投资收益率之差Gap。表3-5的回归结果显示，Gap的估计系数均为正，且均通过1%的显著性检验，证实了实体企业“脱实向虚”的一个重要逻辑是资本的逐利性（张成思，2019）。金融投资回报率相对实体投资回报率越高，企业越倾向于将持有资金配置到金融市场上，从而引发实体企业“脱实向虚”。从当前我国现状来看，近年来，受国内外经济下行的影响，实体企业面临的挑战十分严峻，实体投资回报率相对于金融投资回报率偏低，这是导致我国实体企业“脱实向虚”现象的重要成因。

股权集中度Share。由表3-5可知，股权集中度的估计系数均在1%的水平上显著为正，说明了企业股权越集中，其配置的金融资产也相应越多。结合前文的股东价值导向理论，本章认为出现该结果的主要原因在于，当股权集中在少数大股东手中，大股东对管理层的控制和约束力较强，大股东对自身价值最大化的诉求也相对容易实现，管理层为了实现股票价值的上涨，往往更有动机去配置金融资产获取短期收益，粉饰企业收益表现，进而推动企业股价的升高。因此，股东价值导向驱动实体企业“脱实向虚”的重要因素。

企业成长性Growth。企业成长性与“脱实向虚”显著负相关，这与直观理解相符合，因为主营业务收入增长迅猛说明企业在主营业务上利润空间较大，此时企业扩大主营业务生产的意愿较强，会相应地增加实体投资，减少金融资产投资（张成思和郑宁，2018）。

经营性现金流Cash影响实体企业“脱实向虚”的逻辑与企业成长性相似，经营性现金流的估计系数显著为负，可能原因在于，企业持有经营性现金流越多，其在实体经营上越可能存在成长空间，会为实体经营储备流动性，由于经济资源的稀缺性，这会导致可用于金融资产投资的资金不足。上述分析说明，企业主营业务经营不善，可能会引发企业“不务正业”，进而导致实体企业“脱实向虚”。至此，假设模型（3.2）得到验证。

财务杠杆率Leverage。表3-5的回归结果显示，企业财务杠杆率的估计系数均在1%水平上显著为负，说明企业负债率越高，其金融资产投资份额越低。一般而言，负债率较高的企业其内外部资源趋紧，进行金融资产投资的“能力”受到制约，“脱实向虚”水平也相应较低。总而言之，该结果有力地说明了杠杆率较低的企业往往“脱实向虚”程度更加严重。

除了上述的企业内部因素外，模型中还纳入了其他一些传统考虑的企业内部因素。根据表3-5的回归结果，企业规模Size、利润率Roa与实体企业“脱实向虚”没有表现出显著的相关关系，意味着“脱实向虚”行为不会因为企业规模和利润率的差异而有所不同。所有制性质Owner的估计系数符号不够稳健且显著性水平不高，说明实体企业“脱实向虚”行为的所有制偏好可能并不明显。

3.5.3 宏观因素与实体企业“脱实向虚”

广义货币M2。通过表3-5第（3）和第（7）列的回归结果可以看到，广义货币供给量增速对实体企业“脱实向虚”具有显著的正向影响，广义货币供给的增速越快，实体企业“脱实向虚”程度越严重，结合前文的理论分析，这主要是由于在广义货币M2增速较快时，企业面临的内外部融资约束较轻，企业可用于金融投资的资源较为丰裕，企业金融资产投资的“能力”相对更强。也就是说，货币扩张也可能是导致实体企业“脱实向虚”的重要成因之一。

经济周期Cycle。经济周期的估计系数均在1%水平上显著为负，说明在经济周期扩张期间，企业会配置更少的金融资产，而在经济收缩期间，企业配置的金融资产相对更多。这可能是由于在经济景气期间，企业的实体投资回报率相对较高，会将更多持有资金投向实体经济，支撑实体经济的发展；但在经济收缩期间，实体投资的利润空间较为有限，企业可能会减少对实体业务的投资，相应地增加金融资产投资，导致实体企业“脱实向虚”程度趋于严重。其重要启示在于，监管部门在经济收缩期间要特别加强对企业资金流向的监管与引导，确保资金能够流向实体部门，进而促进实体经济的复苏。总之，上述分析表明，经济周期收缩也可能是驱动实体企业“脱实向虚”的重要因素。

股票市场表现（Stock）和房地产市场表现（House）。表3-5的回归结果显示，股票价格年增长率的估计系数均为正，且至少在10%水平上显著，房地产市场表现的估计系数在1%水平显著为正，这说明在金融资产价格上涨时，实体企业配置金融资产的倾向更为明显，而在金融市场表现不佳时，实体企业“脱实向虚”程度相对较轻。结合前文的理论分析，这也从侧面说明了实体企业“脱实向虚”的动机主要是以“投机动机”为主，因为如果企业配置金融资产是基于预防性储备的考虑，那么企业会在金融市场上涨时，减少金融资产持有份额，转而支持实体经济发展。上述分析表明，金融资产价格上涨也可能是实体企业“脱实向虚”的重要成因。

3.5.4 各驱动因素的相对重要性比较

前文的分析表明，企业间传染因素（同伴效应）、企业内部因素（实体投资相对收益率、股东价值导向、企业成长性等）、宏观因素（广义货币M2、宏观经济周期、金融市场表现）均对实体企业“脱实向虚”具有显著影响。然而，一个悬而未决的问题是，各驱动因素的相对重要性如何？哪种因素对实体企业“脱实向虚”的作用强度最大？对上述问题的回答可以为决策部分提供更具针对性的政策建议。为此，与陈磊和张军（2017）的处理方法类似，本章对表3-5中的基准回归结果实行标准化处理，并根据标准化系数估计结果，在同一框架内比较各驱动因素的相对重要性，表3-6展示了具体的测算结果。

表3-6 **各驱动因素的相对重要性**

		行业		地区	
		（1）	（2）	（3）	（4）
同伴效应	$\overline{Fin}_{-i}$	0.1472***	0.1061***	0.1473***	0.0801***
企业内部因素	Gap	0.0515***	0.0382***	0.0584***	0.0391***
	Size	0.0896	0.0159	0.0819	0.0271
	Leverage	−0.068***	−0.0935***	−0.0571***	−0.0792***
	Cash	−0.0595***	−0.0154**	−0.0620***	−0.0157**
	Roa	0.0002	−0.0067	0.0057	−0.0085
	Growth	−0.0342***	−0.0166***	−0.0310***	−0.0144**
	Share	0.0712***	0.0476***	0.5219***	0.0429***
	Owner	0.0246	−0.1132*	0.0459**	−0.101
宏观因素	M2	0.0336**	0.0961***	0.0455***	0.1350***
	Cycle	−0.0604***	−0.0569***	−0.0616***	−0.0613***
	Stock	0.0014	0.0130*	0.0035	0.0178**
	House	0.0012	0.0331***	0.0049	0.0386***
企业固定效应		No	Yes	No	Yes
时间固定效应		No	No	No	No
Obs.		15 189	15 189	15 189	15 189
R^2		0.0651	0.6811	0.0656	0.6791

注：括号中是经过异方差调整的稳健型标准误；*、**、***分别表示在10%、5%、1%的水平上显著。

根据表3-6的测算结果，本章接下来对各驱动因素的相对重要性进行分析。首先，同伴效应的作用十分明显且稳健性较强，同伴实体企业

"脱实向虚"水平每上升一个标准差，该实体企业"脱实向虚"水平大约上升0.08~0.15个标准差。其次，在企业内部因素中，从标准化系数的大小来看，财务杠杆率、股权集中度以及金融投资收益率和实体投资收益率之差是影响实体企业"脱实向虚"最为突出的三种因素，而利润率、企业所有权和企业规模等因素的作用均不显著。再次，从宏观因素来看，广义货币M2和宏观经济周期的作用较为明显，而金融市场表现的影响效应相对较弱。最后，根据第（2）、（4）列的回归结果，各驱动因素对实体企业"脱实向虚"的相对影响从大到小依次为：行业同伴效应、广义货币M2、地区同伴效应、企业财务杠杆率、宏观经济周期、股权集中度、金融投资收益率和实体投资收益率之差等。其中，值得关注的是，同伴效应是实体企业"脱实向虚"最为重要的驱动因素，其政策启示在于，在理解、防治实体企业"脱实向虚"的过程中，企业间的传染因素值得学术界和政策制定者特别关注。

3.5.5 内生性探讨与稳健性检验

1）内生性问题讨论

前文中，本章验证了企业间传染因素、企业内部因素和宏观因素均会对实体企业"脱实向虚"产生重要影响。对于上述研究结论，本章的主要担忧在于内生性问题。一方面，从同伴实体企业"脱实向虚"水平来看，同行业或同地区的企业往往面临相似的经营环境和政策冲击，这可能引发企业出现一致性的金融资产投资行为。换言之，同伴效应可能不完全是由于企业之间策略性模仿行为导致，共同的外部冲击也是重要的影响因素（陆蓉等，2017）。在计量模型中，本章很难完全控制住这些不可观测的共同冲击，为了缓解由遗漏变量带来的内生性问题，本章需要为同伴实体企业"脱实向虚"水平寻找到适当的工具变量。另一方面，从企业内部因素和宏观因素来看，模型中的解释变量均作滞后一期处理，该做法可以在一定程度上控制内生问题的影响（Kini和Williams，2012）。因此，本节主要聚焦于同伴效应内生性问题的解决。

本章参考Leary和Roberts（2014），将同伴企业股票特质收益率作为工具变量以缓解潜在的内生性问题。其理由是：一方面，该工具变量仅反映同伴企业自身因素导致的股票价格波动，既与企业面临的共同冲击不相关，也不会直接影响该企业的金融资产配置行为，即工具变量满足外生性要求；另一方面，已有研究发现股票价格与企业的资本结构和金融资产选择密切相关。例如，Welch（2004）发现股票价格对公司债务股本比具有重要且持续性的影响；陆蓉等（2017）研究表明股票价格是公司资产负债率的重要影响因素；Chen等（2019）发现公司在做出现金持有决策时会重点考虑股票价格信息。因而同伴企业股票特质收益率与同伴实体企业“脱实向虚”水平存在一定的关联性，即工具变量满足相关性要求。

为了较为准确地估计出同伴企业的特质收益率，本章在Leary和Roberts（2014）的基础上，使用Carhart四因子模型来拟合股票收益率：

$$\begin{aligned} R_{ijt'} - RF_{t'} = {} & \alpha_{ijt'} + \beta_{ijt'}^{ind}(\overline{R}_{-ijt'} - RF_{t'}) + \beta_{ijt'}^{MKT}MKT_{t'} + \beta_{ijt'}^{SMB}SMB_{t'} + \beta_{ijt'}^{HML}HML_{t'} \\ & + \beta_{ijt'}^{MOM}MOM_{t'} + \eta_{ijt'} \end{aligned} \tag{3.2}$$

其中，$R_{ijt'}$表示行业j中的i企业在t′月的股票收益率，RF是无风险收益率，MKT、SMB、HML和MOM分别表示市场因子、规模因子、账面市值比因子和动量因子。对于地区同伴效应而言，在构建同伴实体企业“脱实向虚”水平的工具变量时，本章将式（3.2）右端的第二项$\beta_{ijt'}^{ind}(\overline{R}_{-ijt'} - RF_{t'})$相应地替换为$\beta_{ijt'}^{reg}(\overline{R}_{-ijt'} - RF_{t'})$。

对每个企业i而言，本章使用年初前36个月的历史数据对计量模型（3.2）进行滚动回归，进而获得个股月度超额收益率期望值$R_{ijt'} - RF_{t'}$和个股月度特质收益率$\hat{\eta}_{ijt'}$。最后，本章将月度数据复合为年度数据，并计算同伴企业的特质收益率$\overline{\hat{\eta}_{-ijt}}$。

在表3-7的第（1）、（2）列中，本章采用两阶段最小二乘法（2SLS）对基准模型（3.1）进行了重新估计。工具变量有效性的检验结果，一阶段模型中，同伴企业股票特质收益率与同伴实体企业“脱实向虚”水平显著正相关，且KP-F统计量显著大于经验值10，表明模型不存在弱工具变量问题，工具变量的选取是较为合理的。同伴实体企业“脱实向虚”水平的估计系数均显著为正，说明行业、地区同伴效应仍然显著存在。从数值上看，估计系数绝对值大小相较于基准回归结果有所增加，说明忽视内生性问题可能会低估同伴效应。此外，在引入工具变量控制内生性问题后，企业内部因素和宏观因素的估计系数在符号上基本保持不变，前文的研究结论仍然是成立的。

表3-7 **内生性问题与稳健性检验**

	内生性问题讨论		“脱实向虚”决策		更换估计方法	
	行业	地区	行业	地区	行业	地区
	（1）	（2）	（3）	（4）	（5）	（6）
$\overline{Fin}_{-i}$	0.8243*** （0.0838）	0.5642*** （0.571）	0.5424*** （0.0261）	0.2479*** （0.0245）	0.9514*** （0.0977）	0.7669*** （0.0694）
Gap	0.0028*** （0.0004）	0.0027*** （0.0004）	0.0289*** （0.0044）	0.0285*** （0.0043）	0.0008 （0.0006）	0.0001 （0.0006）
Size	0.0001 （0.0021）	0.0003 （0.0015）	0.1034*** （0.0089）	0.1030*** （0.0089）	0.0132*** （0.0007）	0.0127*** （0.0007）
Leverage	−0.0298*** （0.0061）	−0.0276*** （0.0051）	−0.0664* （0.0355）	−0.0612* （0.0356）	−0.0617*** （0.0049）	−0.0569*** （0.0048）
Cash	−0.0154** （0.0073）	−0.0199*** （0.0073）	−0.0381 （0.0586）	−0.0344 （0.0586）	−0.0806*** （0.0120）	−0.0856*** （0.0120）
Roa	−0.0116 （0.0134）	−0.0056 （0.0128）	−0.1366 （0.0964）	−0.1227 （0.0968）	−0.0283 （0.0184）	−0.0391** （0.0182）
Growth	−0.0026** （0.0012）	−0.0022** （0.0010）	−0.0044 （0.0086）	−0.0051 （0.0086）	−0.0061*** （0.0019）	−0.0054*** （0.0019）
Share	0.0142** （0.0055）	0.0153** （0.0060）	0.0242*** （0.0043）	0.0248*** （0.0043）	0.0810*** （0.0048）	0.0850*** （0.0048）
Owner	−0.0062* （0.0036）	−0.0064* （0.0036）	−0.0005 （0.0261）	0.0052 （0.0262）	0.0018 （0.0015）	0.0036** （0.0015）
M2	0.1541** （0.0648）	0.1865*** （0.0302）	0.3228*** （0.0150）	0.3246*** （0.0145）	0.3222*** （0.0258）	0.3334*** （0.0241）
Cycle	−0.0906*** （0.0269）	−0.0954*** （0.0168）	−0.0173*** （0.0011）	−0.0172*** （0.0011）	−0.0269*** （0.0025）	−0.0267*** （0.0025）

续表

	内生性问题讨论		“脱实向虚”决策		更换估计方法	
	行业	地区	行业	地区	行业	地区
	(1)	(2)	(3)	(4)	(5)	(6)
Stock	0.0024 (0.0024)	0.0040** (0.0017)	0.0680*** (0.0100)	0.0679*** (0.0099)	0.0070*** (0.0025)	0.0072*** (0.0024)
House	0.0004** (0.0002)	0.0005*** (0.0001)	0.0064*** (0.0008)	0.0065*** (0.0008)	0.0004** (0.0002)	0.0005** (0.0002)
Firm FE	Yes	Yes	Yes	Yes	No	No
Year FE	No	No	No	No	No	No
F统计量	93.142***	301.052***				
Obs.	12 988	12 349	15 189	15 189	15 189	15 189
R^2	0.0655	0.0630	0.5907	0.5912	0.1418	0.1452

注：在第（1）、（2）列的2SLS估计中，本章采用面板固定效应模型来控制个体固定效应；第（5）（6）列中本章没有控制企业固定效应，原因在于纳入企业固定效应后Tobit模型难以估计出收敛性结果。括号中是经过异方差调整的稳健型标准误；*、**、***分别表示在10%、5%、1%的水平上显著。

2）稳健性检验

为了进一步增强研究结论的可靠性，本章还进行了以下方面的稳健性检验：

第一，实体企业“脱实向虚”的不同度量。前文在测算实体企业“脱实向虚”时，主要以企业金融资产投资额占总资产的比重作为衡量指标。接下来，本章引入实体企业“脱实向虚”决策作为替代指标，该变量是取值为0和1的虚拟变量，企业可划分为“脱实向虚”企业和非“脱实向虚”企业两种类型，若企业配置了金融资产则赋值为1，否则赋值为0，这使得实体企业“脱实向虚”行为体现得更为直观。就企业间传染因素而言，同伴实体企业“脱实向虚”水平用行业/地区中进行“脱实向虚”企业的比重表示，企业内部因素和宏观因素的设定与基本回归保持一致，替换“脱实向虚”指标后的回归结果如表3-7第（3）、

（4）列所示，回归结果表明，不管是行业层面还是地区层面，同伴效应都显著存在，且估计系数的大小与基准回归结果差异不大。从企业内部因素来看，金融投资和实体投资收益率之差、企业财务杠杆率、股权集中度等因素的影响较为显著；从宏观因素来看，广义货币M2、经济周期、股票市场表现和房地产市场表现的作用都十分明显，这与前文的结论都是一致的。总体而言，“脱实向虚”度量方式的改变并不会对本章的研究结论产生重要影响。

第二，更换估计方法。本章样本数据的一个重要特点为，被解释变量实体企业“脱实向虚”中存在大量的零值，由于企业持有的金融资产总额一般不为负，因而被解释变量是以0为下界的截断变量（Censored Variable），前文基于线性估计方法将这些样本同时纳入考量，可能导致估计结果存在一定偏差。为了缓解截断变量对回归结果的潜在影响，本章更换了模型的估计方法，转而采用Tobit模型对基本模型进行了重新估计，回归结果见表3-7第（5）、（6）列。可以看到，实体企业“脱实向虚”、企业内部因素和宏观因素等主要解释变量的符号以及显著性水平未发生实质性变化，表明本章的研究结论是稳健可靠的。

第三，其他稳健性检验。[①]其一，为了进一步说明同伴效应并非主要由共同因素驱动，本章参考Kaustia和Rantala（2015）设计了如下的证伪检验。其主要思路是，若实体企业“脱实向虚”的同伴效应主要是共同因素导致的，那么剔除共同因素的作用后，企业之间的相互模仿行为应不再显著。具体步骤如下：首先，通过估计前文提及的包含宏观、地区和行业因素的扩展模型，可以得到不受共同因素影响的实体企业“脱实向虚”成分 $Fin_{ijkt}^{*} = Fin_{ijkt} - \hat{\gamma}_1 Cycle_t - \hat{\gamma}_2 M2_t - \cdots\cdots - \hat{\gamma}_8 PER_{jt}$。接下来，我们基于拟合获得的 Fin_{ijkt}^{*} 来构造“伪”同伴实体企业“脱实向虚”水平，构造方法与前文一致。最后，我们再次估计基准模型（1），但此时利用“伪”同伴实体企业“脱实向虚”水平 $\overline{Fin}_{-i}^{*}$ 替代真实值 $\overline{Fin}_{-i}$。回归结果显示，“伪”同伴实体企业“脱实向虚”水平对实体企业“脱实向虚”行为的影响仍然显著，说明共同因素并不是同伴效应

① 由于篇幅限制，本部分的回归结果未予列示。

的主要驱动因素。其二，纳入同伴企业特征。Grennan（2019）的研究表明，模型中纳入同伴企业特征可以控制情境效应（contextual effects）的影响，并在一定程度上缓解遗漏变量问题对研究结论的干扰。为此，我们还把同伴企业个体特征均值 $\overline{X}_{-i}$ 作为控制变量纳入基准模型中，在此基础上重新检验了实体企业“脱实向虚”的驱动因素，回归结果显示前文的研究结论仍然是成立的。

总体来看，前文的主要研究结论在考虑内生性问题、考虑金融资产的不同度量方法、更换实体企业“脱实向虚”的不同度量方式、更换估计方法以及考虑其他稳健性检验方法后，均是稳健的。

3.6 本章小结

传统的企业财务和金融理论将企业视为既定环境下的独立个体，通常假设企业的投资决策是由企业内部因素所决定的，这些研究往往忽视企业所处宏观经济环境、同伴企业相互传染在金融决策中的作用。如何将宏观经济环境、同伴企业相互传染、企业内部因素置入统一的研究框架是本书面临的难点之一。本书参考 Leary 和 Roberts（2014）、Grennan（2019），通过构建同伴效应模型，从宏观经济环境、企业内部因素、同伴企业相互传染三个维度全面探究实体企业“脱实向虚”的驱动因素。我们一方面强调宏观经济政策对微观企业行为的影响，另一方面以同伴企业间的相互模仿行为作为切入点，为理解实体企业“脱实向虚”现象提供全面、新颖的视角。

本章基于 2007—2018 年沪深 A 股非金融类上市公司的资产负债表数据，采用同伴效应模型从企业间传染因素、企业内部因素和宏观因素三个层面，全面、系统探究了实体企业“脱实向虚”的驱动因素，并对各驱动因素的相对重要性进行了比较分析。最后，本章还从考虑内生性问题、改变金融资产度量方式、改变实体企业“脱实向虚”度量方式、更换估计方法等几个方面进行了多种稳健性检验。

本章的研究结论显示：第一，企业间传染因素、企业内部因素和宏观因素三方面力量共同驱使中国实体企业走向“脱实向虚”，其中，同伴企业传染是至关重要的驱动因素；第二，在企业内部因素中，财务杠杆率、股权集中度以及金融投资收益率和实体投资收益率之差是影响实体企业“脱实向虚”较为突出的三种因素；第三，从宏观因素来看，广义货币 M2 和宏观经济周期的作用较为明显。在金融资产价格上涨时，实体企业配置金融资产的倾向更为明显，而在金融市场表现不佳时，实体企业“脱实向虚”程度相对较轻，这也从侧面说明了实体企业“脱实向虚”的动机主要是以“投机”为主。

4 实体企业“脱实向虚”的同伴效应与实体部门经营风险

第3章探究了实体企业“脱实向虚”的成因。研究显示，同伴效应是实体企业“脱实向虚”至关重要的驱动因素。因此，本章对同伴效应现象进行深入剖析，首先考察了企业缘何会模仿其同伴企业的“脱实向虚”行为。其次，值得强调的是，行为金融领域的诸多研究认为同伴效应可能是群体性“非理性”的重要体现，是造成资本市场风险的重要逻辑（傅超等，2015；Bird等，2017）。为此，本章接下来着重讨论同伴效应对实体经营风险的影响，从而为金融监管政策的制定提供更为丰富的经验证据。因此，从内容体系上来看，本章是对第3章实体企业“脱实向虚”成因分析的进一步拓展。

4.1 实体企业“脱实向虚”同伴效应的形成机制

前文的研究从企业间传染因素、企业内部因素和宏观因素三个层面验证了实体企业“脱实向虚”的驱动因素，一系列的稳健性检验进一步支持了主要的研究结论。在各种驱动因素中，同伴效应的作用值得特别关注，这是由于标准化回归结果表明同伴效应是实体企业“脱实向虚”最为重要的驱动因素。也就是说，来自同行业/同地区其他企业的溢出效应对中国实体企业“脱实向虚”的形成起到至关重要的作用。那么，企业为何会模仿其同伴企业的“脱实向虚”行为？回答这一问题不仅有助于深化理解同伴效应的内在机制，而且能够为经济“脱实向虚”防治政策的制定提供更具针对性的参考。

4.1.1 同伴效应存在机制的理论分析与研究假设

“同伴效应”主要指经济主体在决策时受其所在群体内其他行为主体的影响，从而表现出同群体成员一致性的行为倾向（杨海生等，2020）。传统的企业财务和金融理论将企业视为既定经济环境下的独立个体，通常假设企业的决策是独立完成的，但是这些研究往往忽视同伴企业在财务、金融决策中的作用。随着群体性模仿现象被社会学研究的不断证实（Coleman，1988；Glaeser等，1996），经济和金融学领域的学者们开始重视对同伴效应的研究。Kaustia和Rantala（2015）利用美国上市公司的月度拆股数据发现，如果同伴企业在近期出现拆股行为，那么该企业当期拆股的概率会明显提高。Grennan（2019）发现同伴企业的股利政策是影响企业股利分派的重要因素，受同伴企业的影响，企业会将股息分派周期缩短1.5个季度，并将股利分派数额增加16%。

随着政府对金融业管制的放松，越来越多的实体企业通过金融资产投资的形式涉足金融领域，其中扎堆现象更是频频出现。例如，家电巨头海尔集团自2001年提出“脱实向虚”战略以来，金融资产投资已涵盖了证券、保险、银行、信托、房地产等多个金融板块，同行业的其他企业也纷纷跟进效仿，如长虹集团、TCL科技集团和海信集团等传统的家电企业也大力布局金融业务，设立投资公司、金融事业部、置业公司等。上述扎堆现象固然与宏观、外在经济环境的变化有关，但同样可以从同伴效应理论中寻求解释。关于实体企业“脱实向虚”同伴效应的形成机制，在已有研究的基础上，本章提出三种可能的原因：

首先，学习效应。在信息不对称或信息获取成本较高的环境下，市场中的经济主体在决策时会面临较大的不确定性，这时他们会通过观察和学习同伴企业的行为来获得相关信息，并可能采取与其他行为主体类似的行为（易志高等，2019）。现有研究在界定学习效应时，较少对学习效应做出进一步区分，本章根据经济主体是否理性，将学习效应区分为“信息式学习”和“跟风式学习”。“信息式学习”可以被视作一种有效学习，个体通过观察同伴企业行为，学习并提取相关信息，并对同伴企业行为进行价值判断，最终做出与同伴企业一致方向的决策（李佳宁和钟田丽，2020）。Leary 和 Roberts（2014）在研究企业金融决策中的同伴效应时发现，追随者出于信息学习的动机，更有可能模仿同行业中具有信息优势的领导型企业，以减少决策的不确定性和失败风险，但反之不成立，这些发现在一定程度上支持了理性的学习效应。与之相反，“跟风式学习”主要强调行为主体的非理性，体现为行为主体忽视了其自身的信息，盲目模仿和学习其他投资者的行为。Smith 和 Sorensen（2000）指出“从众心理”可能导致“混乱的学习”，使得个体决策过度依赖可观测的公共信息，简单地表现为一种跟风式行为。杨海生等（2020）在研究公司投资决策中的同行效应时，利用“信息式学习”来刻画同伴企业财务特征的信号作用，利用“跟风式学习”来描述将私有信息排除在外的盲目跟从行为，研究发现认真学习同行财务特征信号有助于优化企业投资决策，但“跟风式学习”的投资行为不利于投资效率的提高，可能带来行业产能过剩。

具体到实体企业“脱实向虚”中的同伴效应，一方面，从“信息式学习”来看，与实体投资相比，金融投资面临的不确定性更强，加之我国金融市场制度尚不健全，市场信息不对称程度较高。当一些实体企业率先在金融、房地产市场展开投资并获利时，它们会通过各种途径释放金融获利的信号。同行业（同地区）的企业由于存在较强的经济关联，更加容易收到有关“脱实向虚”的信号。这些企业在观察同伴企业的金融资产投资行为时，会提取并学习更多关于金融投资和金融获利的信息，进而促使企业配置更多金融资产。另一方面，从“跟风式学习”来看，与国外相对理性和成熟的投资者不同，中国的资本市场更容易出现

"追涨杀跌"现象。在短期内，金融投资的投资回报率可能高于实体投资，加之金融投机和炒作的推波助澜作用，使得市场隐含巨大的泡沫风险。这种"非理性繁荣"促使实体企业盲目模仿其他同伴企业，对金融投资"一拥而上"，忽视了自身经营条件、理性决策和主营业务发展，企业在金融投资上盲目"学习"也可能导致同伴效应的产生（傅超等，2015）。

其次，产品市场竞争。竞争性是讨论同伴效应形成机制时不可回避的传统因素。Lieberman和Asaba（2006）认为企业为了维持市场份额并应对来自竞争对手的压力，往往会密切关注同行竞争对手的行为。多数经验文献发现，市场竞争环境越激烈，企业越倾向于模仿同伴企业的经济决策，以保持行业内的竞争地位（万良勇等，2016；Adhikari和Agrawal，2018）。然而，就实体企业"脱实向虚"而言，我们需要进一步关注到金融资产投资和产品市场竞争的互动关系。在竞争程度较高的产品市场中，企业的产品差异性较小且经营性现金流趋紧，过度的金融资产投资会挤占企业对主营业务的资源投入，在激烈的竞争环境下企业有可能会失去原有的市场优势。考虑到实体业务上的潜在损失，企业模仿同伴企业进行金融资产投资的动机不强；与之相反，当产品市场竞争较小时，企业所面临的资源约束条件相对宽松，更有"能力"去模仿同伴企业的金融资产投资行为。

最后，管理层过度自信。管理层作为企业经济决策的制定者，其个人特征难以避免会影响到企业的投融资决策，管理层过度自信在同伴效应的形成过程中起着重要作用。根据行为金融理论，在过度自信行为模型中，管理层没有合理地评估同伴企业的信息，过度自信的高管往往会将同伴企业的成功误解为自己的成功即将来临的信号，容易高估同伴企业的决策收益，低估决策风险。Grennan（2019）发现企业股息支付中的同伴效应很大程度上是由高管过度自信驱动的。在实体企业"脱实向虚"的进程中，过度自信的管理层可能会过度解读同伴企业在金融投资上的成功经验，有动机模仿并扩大金融资产投资规模。因此，管理层过度自信也可能是产生同伴效应的一个重要因素。

总之，上述分析表明企业的金融资产投资行为可能受同伴企业影响。据此，我们提出以下假设：

假设1：实体企业“脱实向虚”存在显著的同伴效应，同伴实体企业“脱实向虚”程度越高，该企业金融资产配置比例越高。

4.1.2 同伴效应存在机制的实证结果分析

前文的研究证实了企业配置金融资产时存在竞相模仿行为，同伴企业的“脱实向虚”程度越高，该企业金融资产配置比例越高，一系列的稳健性检验进一步支持了该研究结论。其内涵在于：企业金融资产投资会对同行业（同地区）其他企业产生正向溢出效应，导致“脱实向虚”普遍存在于中国的实体企业中，经济“脱实向虚”现象日趋严重。那么，企业为何会模仿其同伴企业的“脱实向虚”行为？对这一问题的回答不仅有助于深化理解同伴效应的内在机制，而且能够为经济“脱实向虚”防治政策的制定提供重要参考。接下来，结合第二部分的理论分析，我们从学习效应、产品市场竞争和管理层过度自信三个视角，探讨了实体企业“脱实向虚”同伴效应的存在机制。

1）模型设定

为了识别实体企业“脱实向虚”的同伴效应存在机制，本章参考Leary和Roberts（2014）、Grennan（2019），构建了如下的基准计量模型：

$$\mathrm{Fin}_{ijkt} = \alpha + \beta \overline{\mathrm{Fin}}_{-ijkt-1} + \theta' X_{ijkt-1} + \mu_i + \nu_t + \varepsilon_{ijkt} \tag{4.1}$$

其中，下标i、j、k和t分别表示企业、行业、地区和年份。被解释变量Fin为企业金融资产持有份额，用企业金融资产投资额占总资产的比重来衡量（宋军和陆旸，2015、彭俞超等，2018b），企业投资的金融资产主要包括资产负债表中的以下科目：交易性金融资产、买入返售金融资产、可供出售金融资产、持有至到期投资、发放贷款及垫款，其中前四项可归为交易类金融资产。需要指出的是，随着我国房地产市场的快速发展，住房逐渐偏离其居住属性，投资属性和金融属性日益凸显，因此，本章将投资性房地产视为一类特殊的金融资产。

本章关心的核心解释变量为同伴实体企业“脱实向虚”水平

$\overline{Fin}_{-ijkt-1}$，因此对同伴企业的界定十分重要。现有研究采用不同标准定义了同伴企业，例如，相同行业（Leary和Roberts，2014）、相同地理区域（Parsons等，2018）、共同卖方分析师（Kaustia和Rantala，2015）。与易志高等（2019）相似，本章在界定同伴企业时，同时采用了两种衡量标准：一是行业同伴企业，是指同一行业的企业，行业变量的划分是依据2001版证监会行业分类代码，制造业按照二级代码进行分类，其他行业按照一级代码进行分类，共涉及19个行业；二是地区同伴企业，是指同一地区的企业，地区变量是按照省级行政单位进行划分，涉及31个省、自治区、直辖市。因此，模型（1）中同伴实体企业“脱实向虚”水平$\overline{Fin}_{-ijkt-1}$用同行业（同地区）其他企业的金融资产平均持有份额（除企业i外）来衡量，该变量前的系数β能够识别同伴效应大小，若假设1成立，则β应显著大于零。

参考张成思和张步昙（2016）、Shi和Zhang（2018），本章还纳入了以下可能影响企业投资行为的变量：（1）金融资产与固定资产收益率之差（GAP），其中，金融资产收益率可用金融投资收益与金融资产的比例衡量，具体测算方式为：（利息净收入+公允价值变动收益+汇兑收益+投资收益-对联营企业和合营企业的投资收益）/金融资产投资总额，金融资产的定义如上。固定资产收益率则用主营业务收益率代理，具体测算方式为：营业利润/（固定资产净额+无形资产净额+流动资产合计-流动负债合计）。（2）企业规模（Size）：总资产的自然对数。（3）企业财务杠杆率（Leverage）：总负债/总资产。（4）经营性现金流（Cash）：经营性现金流净额/总资产。（5）利润率（Roa）：净利润/总资产。（6）企业成长性（Growth）：主营业务收入增长率。（7）股权集中度（Share）：前十大股东股权占比。（8）企业产权性质（Owner）：根据企业最终控制人性质赋值，国有企业取1，非国有企业取0。考虑到企业需要时间来对经济环境的变化做出反应，模型中的解释变量均作滞后一期处理，该做法也可以在一定程度上缓解双向因果关系的影响。此外，为了缓解不可观测异质性的影响，模型还控制了个体固定效应和时间固定效应。

2）数据与样本

本章使用的数据主要来自于国泰安（CSMAR）数据库，选取2007—2018年沪深两市A股上市公司作为研究样本。根据公司金融领域的一般性做法，我们剔除了ST、PT、交叉上市和当年新上市的样本，同时将关键变量缺失或数据存在明显异常的样本予以剔除。另外，鉴于本章的研究对象为实体企业，我们还剔除了金融行业、房地产行业的样本。为了避免极端值对研究结论产生重要影响，我们对企业层面的连续变量进行了1%和99%水平的Winsorize处理。经过上述处理后，本章得到15 189个有效样本，是包含2 160家企业的非平衡面板数据。值得一提的是，本章最终使用的样本范围是2009—2018年，主要是由于部分解释变量以增长率形式呈现，并且需要用到滞后期序列。

（1）学习效应与实体企业“脱实向虚”的同伴效应

理论研究显示学习效应是企业相互模仿的重要驱动因素，一方面，企业可以学习同伴企业经济行为中的隐藏信息，并对自身的私有信息进行“升级”，做出与同伴企业一致性方向的决策（李佳宁和钟田丽，2020），即所谓的“信息式学习”。另一方面，经济主体在观察学习同伴企业的信息时可能出现“混乱的学习”，忽视了其自身的信息，盲目模仿和学习其他企业的行为，即所谓的“跟风式学习”（Smith和Sorensen，2000；杨海生等，2020）。尽管我们很难直接确定某一特定企业试图向哪些同伴学习，但同伴企业金融投资获利能力是其学习的重要参考标准。因此，本节结合金融投资收益率的异质性，进而检验学习效应机制。

对于每个行业×年份或地区×年份组合，我们以金融投资收益率的中位数为临界值，将实体企业划分为“高金融收益”组和“低金融收益”组。本章主要关注两种模仿路径：（1）L→H，低金融投资收益率的企业模仿高金融投资收益率的同伴。（2）H→L，高金融投资收益率的企业模仿低金融投资收益率的同伴。根据模仿路径的不同，可能存在下列情形：（1）如果L→H成立，H→L不成立，说明“信息式学习”是企业同伴效应的重要驱动因素，而“跟风式学习”不太可能发挥主要作用，因为，企业模仿与跟随金融资产投资更成功的同伴企业，相反的情况并不成立。（2）L→H成立，H→L成立，说明“信息式学习”“跟风式学习”两种效应并存。（3）L→H不成立，H→L成立，说明企业存在“混乱的学习”“跟风式学习”可能发挥主要作用。（4）L→H不成立，H→L不成立，说明金融投资获利能力并不是企业模仿的重要参考标准，学习效应机制并不显著。

为了考察学习效应是否是产生实体企业“脱实向虚”同伴效应的重要渠道，与Leary和Roberts（2014）、万良勇等（2016）的做法类似，本章构建了两类同伴实体企业“脱实向虚”水平：（1）高金融收益率同伴的“脱实向虚”水平$\overline{Fin}_{-i}$_H，用同行业（同地区）高金融收益率企业的金融资产平均持有比重（除企业i外）来衡量。（2）低金融收益率同伴的“脱实向虚”水平$\overline{Fin}_{-i}$_L，用同行业（同地区）低金融收益率企业的金融资产平均持有比重（除企业i外）来衡量。表8-4第（1）列的样本仅包含“低金融收益”组的企业，回归结果显示低金融投资收益率企业会模仿高金融投资收益率的同行；与此同时，表8-4第（2）列的回归结果显示，低金融投资收益率的企业也会反过来模仿高金融投资收益率的同行，尽管其模仿效应要小于前者，表8-4第（3）、（4）列的地区同伴效应中也可以得到类似结论。结合前文的分析，这意味着学习效应是企业互相模仿的重要驱动因素，特别是“跟风式学习”效应也发挥了重要作用。

（2）产品市场竞争与实体企业“脱实向虚”的同伴效应

为了考察实体企业“脱实向虚”的同伴效应是否受到产品市场竞争因素的影响，本章采用赫芬达尔-赫希曼指数HHI来衡量企业所在产品市场的竞争激烈程度，HHI指数越大表征产品市场竞争越小。表8-4第（5）、（6）列在基准模型的基础上加入了赫芬达尔-赫希曼指数和同伴实体企业“脱实向虚”的交互项（$\overline{Fin}_{-i}$*HHI）。回归结果显示，交乘项的估计系数至少在10%水平上显著为正，说明实体企业“脱实向虚”的同伴效应在竞争激烈的产品市场中往往不甚明显，在缺乏有效竞争的产品市场中反而更为明显。

表4-1 **实体企业“脱实向虚”同伴效应的存在机制**

	学习效应				产品市场竞争		管理层过度自信	
	行业		地区		行业	地区	行业	地区
	(1) L→H	(2) H→L	(3) L→H	(4) H→L	(5)	(6)	(7)	(8)
$\overline{Fin}\_H$	0.4986*** (0.0704)		0.3252*** (0.1024)					
$\overline{Fin}\_L$		0.3300*** (0.0737)		0.0878** (0.0419)				
$\overline{Fin}_{-i}$					0.2498** (0.1087)	0.0785 (0.0850)	0.3018*** (0.1055)	0.1048** (0.5263)
$\overline{Fin}_{-i}$*HHI					1.4901** (0.7521)	1.4113* (0.8492)		
HHI					-0.0078 (0.0250)	0.0099 (0.0227)		
$\overline{Fin}_{-i}$*Ovc							0.5107*** (0.1073)	0.0911*** (0.0370)
Ovc							0.0728*** (0.0197)	0.0825*** (0.0171)
控制变量	Yes	Yes	Yes	Yes	Yes	Yes	Yes	Yes
Firm FE	Yes	Yes	Yes	Yes	Yes	Yes	Yes	Yes
Year FE	Yes	Yes	Yes	Yes	Yes	Yes	Yes	Yes
Obs.	7 532	7 657	7 507	7 682	15 189	15 189	15 189	15 189
R^2	0.7346	0.7694	0.7266	0.8056	0.6836	0.6820	0.6871	0.6832

注：括号中是经过异方差调整的稳健型标准误；*、**、***分别表示在10%、5%、1%的水平上显著。

上述发现似乎有悖于已有文献中的一般性结论，例如，万良勇（2016）发现企业所处的行业竞争激烈程度越高，则企业并购决策的同伴效应越明显。Adhikari和Agrawal（2018）指出股息和回购政策的模仿行为在产品竞争激烈的行业更为突出。结合前文的理论分析，我们认为金融资产投资和产品市场竞争的互动关系是理解这一现象的关键。一方面，产品市场竞争较小时，模仿同伴企业的金融资产投资行为的经济成本较小，即对主营业务市场份额的“挤出效应”相对有限，也就是说，与潜在的金融获利相比，即使企业认识到模仿行为会损失一定的产品市场份额，但仍不足以动摇企业的模仿“意愿”。另一方面，产品市场竞争较小时，企业面临的资源约束条件相对宽松，更有“能力”去模仿同伴企业的金融资产投资行为。

（3）管理层过度自信与实体企业“脱实向虚”的同伴效应

管理层在企业投融资决策中扮演着极其重要的角色，管理层过度自信决定企业对同伴企业金融投资的认知偏差，进而影响企业的模仿行为。本节将管理层过度自信作为企业内部环境的重要反映，考察企业内部环境是否导致了同伴效应的产生。本章参考江轩宇和许年行（2015），以企业盈利预测偏差Ovc来代理管理层过度自信，如果企业在本年度内至少出现一次实际盈利水平低于预测盈利水平的情况，就认为该企业的管理层存在过度自信，赋值为1，否则赋值为0。表4-1第（7）、（8）列加入了同伴实体企业“脱实向虚”和管理层过度自信的交乘项（$\overline{Fin}_{-i}*Ovc$），以考察实体企业“脱实向虚”的同伴效应是否与管理层过度自信相关。回归结果显示，管理层过度自信的估计系数显著为正，说明管理层过度自信的企业更偏好于金融资产投资。另外，交互项的估计系数至少在1%水平上正向显著，意味着实体企业“脱实向虚”的同伴效应的确在那些管理层过度自信的企业中更为突出。其重要启示在于，管理层过度自信不仅会直接推动实体企业“脱实向虚”，而且还会通过同伴效应起到进一步的推波助澜作用。

值得注意的是，以往文献在分析资本结构（Leary和Roberts，2014），公司并购决策（万良勇等，2016），股利政策（Adhikari和Agrawal，2018）中的同伴效应时发现，企业的模仿行为总体上是理性的。但本章通过考察实体企业“脱实向虚”同伴效应的形成机制发现，有效吸收同伴企业信息的“信息式学习”机制并未发挥主导作用，企业更可能做出忽视自身信息的跟风行为，并且企业管理层对同伴企业金融投资存在认知偏差，这说明实体企业在配置金融资产时存在非理性的模仿行为。接下来，为了进一步验证企业金融投资中的非理性行为，我们还考察了同伴效应的资产异质性和非对称性，并试图揭示非理性模仿行为所造成的潜在风险。

4.2 不同类别金融资产与实体企业“脱实向虚”的同伴效应

不同类别的金融资产，在投机动机和投资风险上具有较大差异，企业金融投资的竞相模仿行为在不同的金融资产上可能表现迥异。如果模仿行为主要发生在投机性资产和风险性资产上，那么同伴效应在很大程度上会增加企业的财务风险和主营业务经营风险；反之，如果模仿行为集中于储备类资产以及弱风险资产上，那么同伴效应带来的金融风险和实体经营风险相对较小。本节通过考察同伴效应在不同类别金融资产中的差异化表现，从侧面说明同伴效应对企业风险的影响。

在前文的研究中，本章将企业持有的金融资产大致划分为：交易类金融资产、发放贷款和垫款、投资性房地产三大类。为了考察企业的互相模仿行为是否会对特定类型的金融资产更为敏感，根据前文中金融资产投资占比的测算方法，按照金融资产类别构建了三种不同的“脱实向虚”指标，分别是交易类资产“脱实向虚”、贷款和垫款类资产“脱实向虚”、投资性房地产“脱实向虚”，对应的同伴实体企业“脱实向虚”水平同样可以按照金融资产类别分别计算。本章将三种“脱实向虚”指标和同伴实体企业“脱实向虚”指标分别加入基准模型（3.1）中进行估计，回归结果见表4-2。表4-2的回归结果表明，实体企业“脱实向虚”的同伴效应在不同类别金融资产上存在显著的异质性特征。就行业同伴效应而言，同伴实体企业“脱实向虚”水平的估计系数在交易类金融资产和投资性房地产两类金融资产上显著为正，并且均通过了1%水平的显著性检验，说明企业在投资这两类资产时，会竞相模仿同行业中的其他企业，值得注意的是，交易类金融资产和投资性房地产往往与企业投机倾向联系在一起（彭俞超等，2018b），并且这两类资产具有高收益和高风险并存的特点，如果企业竞相增加交易类金融资产和投资性房地产的持有规模，势必会给企业实体经营带来风险冲击，造成主营业务经营风险的上升。然而，贷款和垫款类资产则表现出截然不同的结果，同伴实体企业“脱实向虚”水平的估计系数为负且不显著，说明企业在配置贷款及垫款类资产时并不存在明显的行业同伴效应。

表4-2　**金融资产类别与实体企业“脱实向虚”的同伴效应**

	行业			地区		
	交易类	贷款及垫款	房地产	交易类	贷款及垫款	房地产
	（1）	（2）	（3）	（4）	（5）	（6）
$\overline{\text{Fin}}_{-i}$	0.4449***	-0.1897	0.2001***	0.1899**	-0.1476***	0.2836***
	（0.1103）	（0.1233）	（0.0487）	（0.0761）	（0.0505）	（0.0531）
Gap	0.0025***	0.0002***	0.0028***	0.0026***	0.0002**	0.0029***
	（0.0004）	（0.0001）	（0.0007）	（0.0004）	（0.0001）	（0.0007）
Size	0.0001	-0.0002	-0.0007	0.0001	-0.0002	-0.0009
	（0.0010）	（0.0002）	（0.0016）	（0.0010）	（0.0002）	（0.0016）
Leverage	-0.0249***	-0.0007	-0.0491***	-0.0254***	-0.0007	-0.0488***
	（0.0039）	（0.0009）	（0.0067）	（0.0040）	（0.0009）	（0.0067）
Cash	-0.0086	-0.0036*	0.0172*	-0.0093	-0.0037*	0.0175*
	（0.0063）	（0.0020）	（0.0093）	（0.0063）	（0.0020）	（0.0093）
Roa	-0.0041	-0.0022	0.0037	-0.0054	-0.0022	0.0032
	（0.0115）	（0.0022）	（0.0169）	（0.0115）	（0.0022）	（0.0168）
Growth	-0.0021**	-0.0004**	0.0004	-0.0020**	-0.0021***	0.0004
	（0.0009）	（0.0002）	（0.0021）	（0.0009）	（0.0007）	（0.0021）
Share	0.0163***	0.0001	0.0351***	0.0137***	0.0001	0.0343***
	（0.0047）	（0.0009）	（0.0071）	（0.0048）	（0.0009）	（0.0070）

续表

	行业			地区		
	交易类	贷款及垫款	房地产	交易类	贷款及垫款	房地产
	(1)	(2)	(3)	(4)	(5)	(6)
Owner	-0.0054 (0.0034)	-0.0002 (0.0004)	0.0101** (0.0042)	-0.0049 (0.0034)	-0.0003 (0.0004)	0.0094** (0.0042)
Constant	0.0118 (0.0209)	0.0045 (0.0042)	0.0292 (0.0354)	0.0172 (0.0207)	0.0049 (0.0042)	0.0338 (0.0353)
控制变量	Yes	Yes	Yes	Yes	Yes	Yes
Firm FE	Yes	Yes	Yes	Yes	Yes	Yes
Year FE	Yes	Yes	Yes	Yes	Yes	Yes
Obs.	15 189	15 189	15 189	15 189	15 189	15 189
R^2	0.6759	0.7411	0.6544	0.6745	0.7410	0.6547

注：括号中是经过异方差调整的稳健型标准误；*、**、***分别表示在10%、5%、1%的水平上显著。为了更好地控制时间不可观测因素的影响，上表在控制变量中没有纳入宏观因素，而是控制了时间固定效应。

从地区同伴效应来看，与行业同伴效应的估计结果基本一致，同伴实体企业“脱实向虚”水平的估计系数在交易类金融资产和投资性房地产两类金融资产上保持正向显著，而在贷款及垫款类金融资产上仍然为负并且显著性有所增强。另外，一个值得关注的现象是，通过比较房地产同伴效应的大小可以发现，与行业相比，房地产投资的模仿风气在地区更为盛行，可能原因在于房地产投资往往与地方性的宏观调控政策紧密相关。

总之，以上分析表明，无论是从行业层面还是从地区层面看，实体企业“脱实向虚”的同伴效应均集中在投机性明显和风险较高的交易类金融资产和投资性房地产两类金融资产上，但在投机性不强且风险相对较弱的贷款和垫款类金融资产上，实体企业“脱实向虚”的同伴效应不甚明显。实体企业这种“扎堆性”配置风险金融资产和投机性金融资产，是资本市场风险的重要源头，而且可能会带来实体经营风险的增加。

4.3 实体企业“脱实向虚”同伴效应的非对称性与非理性风险

为了进一步明晰实体企业“脱实向虚”的同伴效应与实体部门经营风险的关系，本章接下来检验了同伴效应是否具有非对称性特征。事实上，当同伴企业增持或减持金融资产时，如果企业以相同的强度进行模仿，这给企业带来的金融风险和主营业务经营风险相对较小（Silva，2019）。然而，如果企业偏好在同伴企业增持金融资产时进行模仿，而在同伴企业减持金融资产时模仿行为不甚明显，这就说明实体企业“脱实向虚”的同伴效应存在一定的非理性，会显著提高企业和行业的风险水平。

本章首先参考Silva（2019）的研究，构建如下的计量模型来检验同伴效应的非对称性：

$$Fin_{ijkt} = \alpha + \beta \overline{Fin}_{-ijkt-1} + \gamma \overline{Fin}_{-ijkt-1} \times I\_change_{-ijkt-1} + \lambda I\_change_{-ijkt-1} + \theta' X_{ijkt-1} + \mu_i + \nu_t + \varepsilon_{ijkt} \quad (4.2)$$

其中，I_change_{-ijkt}是同伴企业金融投资变化的虚拟变量：若$\overline{Fin}_{-ijkt} - \overline{Fin}_{-ijkt-1} > 0$，则$I_change_{-ijkt}$赋值为1，否则赋值为0。本章关注的核心系数是$\gamma$，如果$\gamma$显著大于0，则说明在同伴企业增持金融资产时，该企业的模仿效应强度有所增加。

在表4-3第（1）、（2）列中，本章在基准模型（3.1）的基础上加入了同伴企业金融投资变化和同伴实体企业“脱实向虚”水平的交互项（$\overline{Fin}_{-i}$*I_change）。回归结果显示，无论是地区同伴效应模型还是行业同伴效应模型，交互项的估计系数至少在5%水平上正向显著，说明实体企业“脱实向虚”的同伴效应确实具有显著的非对称特征，即当同伴企业增持金融资产时，企业的模仿行为十分明显，但当同伴企业减持金融资产时，这种模仿效应会明显减弱。同伴效应的这种非对称特征从一定程度上说明了企业在金融资产投资中存在盲目跟风、从众等非理性行为，最终将放大“脱实向虚”对实体经营的影响。

表4-3 实体企业“脱实向虚”同伴效应的非对称行为

	Fin		I_Fin_up		I_Fin_down	
	行业	地区	行业	地区	行业	地区
	(1)	(2)	(3)	(4)	(5)	(6)
$\overline{Fin}_{-i}$	0.4621*** (0.1102)	0.2658*** (0.0862)				
$\overline{Fin}_{-i}$*I_change	0.0690*** (0.3017)	0.0564** (0.0274)				
I_change	0.0016 (0.0017)	0.0001** (0.0000)				
Peer_up			0.0318** (0.0155)	0.0478*** (0.0152)		
Peer_down					0.0063 (0.0141)	-0.0244 (0.0161)
Gap	0.0025*** (0.0004)	0.0026*** (0.0004)	-0.0727*** (0.0073)	-0.0729*** (0.0073)	0.0715*** (0.0073)	0.0717*** (0.0073)
Size	-0.0000 (0.0011)	-0.0001 (0.0011)	0.0822*** (0.0196)	0.0823*** (0.0196)	-0.0728*** (0.0197)	-0.0719*** (0.0197)
Leverage	-0.0256*** (0.0043)	-0.0263*** (0.0043)	-0.0014 (0.0752)	-0.0030 (0.0753)	-0.0012 (0.0760)	-0.0017 (0.0760)
Cash	-0.0114 (0.0071)	-0.0126* (0.0071)	0.3825*** (0.1201)	0.3861*** (0.1202)	-0.3384*** (0.1215)	-0.3480*** (0.1215)
Roa	-0.0022 (0.0127)	-0.0038 (0.0128)	-0.2017 (0.2012)	-0.2224 (0.2009)	0.2140 (0.2022)	0.2373 (0.2019)
Growth	-0.0019** (0.0009)	-0.0018* (0.0009)	-0.0853*** (0.0168)	-0.0865*** (0.0168)	0.0895*** (0.0171)	0.0911*** (0.0170)
Share	0.0178*** (0.0049)	0.0156*** (0.0051)	0.0233 (0.0940)	0.0263 (0.0942)	0.0198 (0.0954)	0.0199 (0.0956)
Owner	-0.0063* (0.0037)	-0.0054 (0.0037)	-0.0047 (0.0543)	-0.0031 (0.0543)	0.0019 (0.0557)	-0.0026 (0.0556)
Constant	0.0148 (0.0232)	0.0184 (0.0230)	-1.2247*** (0.4321)	-1.2047*** (0.4321)	1.9549*** (0.4338)	1.9455*** (0.4342)
企业效应	控制	控制	控制	控制	控制	控制
年份效应	控制	控制	控制	控制	控制	控制
Obs.	13 704	13 704	8 603	8 603	8 603	8 603
R^2	0.6932	0.6919	0.2772	0.2767	0.2718	0.2711

注：括号中是经过异方差调整的稳健型标准误；*、**、***分别表示在10%、5%、1%的水平上显著。为了更好地控制时间不可观测因素的影响，上表在控制变量中没有纳入宏观因素，而是控制了时间固定效应。

接下来，本章借鉴“政治锦标赛”理论（周黎安2004，2007；Li和Zhou，2005）和地方政府竞争理论（Breton，1998；朱平芳等，2011；周业安和李涛，2013；金刚和沈坤荣，2018）等领域的研究思路，进一步考察企业金融投资中的策略互动类型。具体而言，本章通过检验企业金融投资中的策略互动行为究竟是“逐底竞赛”还是“逐顶竞赛”，试图更加直截了当地说明企业模仿行为的非理性风险。与Konisky（2007）、Grennan（2019）相似，本章构建了如下形式的动态互动模型：

$$I\_Fin\_up_{ijkt} = \alpha + \beta_1 Peer\_up_{-ijkt-1} + \theta' X_{ijkt-1} + \mu_i + \nu_t + \varepsilon_{ijkt} \tag{4.3}$$

$$I\_Fin\_down_{ijkt} = \alpha + \beta_2 Peer\_down_{-ijkt-1} + \theta' X_{ijkt-1} + \mu_i + \nu_t + \varepsilon_{ijkt} \tag{4.4}$$

其中，$I_Fin_up_{ijkt}$是表示企业金融资产投资份额上升的虚拟变量，具体设定如下：

若$\frac{Fin_{ijkt} - Fin_{ijkt-1}}{Fin_{ijkt-1}} > 1\%$，则$I_Fin_up_{ijkt}$赋值为1，否则赋值为0。

$Peer_up_{-ijkt}$表示同伴企业中“脱实向虚”程度上升企业的比重。对于式（4.2），需要进行如下说明：（1）考虑到企业需要时间来对同伴企业政策的变化做出反应，因此模型中的解释变量作滞后一期处理。（2）同伴实体企业“脱实向虚”水平的变化需要超过一定幅度，该企业才能有效接受“信号”，所以本章在定义下降、上升时，相应的变化幅度要超过1%。（3）该式主要用于检验实体企业“脱实向虚”是否存在“逐顶竞争”，如果核心系数β_1显著大于0，则说明“逐顶竞争”成立。

$I_Fin_down_{ijkt}$是表示企业金融资产投资份额下降的虚拟变量，若$\frac{Fin_{ijkt} - Fin_{ijkt-1}}{Fin_{ijkt-1}} < -1\%$，则$I_Fin_down_{ijkt}$赋值为1，否则赋值为0。$Peer_down_{-ijkt}$表示同伴企业中“脱实向虚”程度下降企业的比重。该式主要用于检验企业金融投资是否存在“逐底竞赛”，如果核心系数β_2显著大于0，则说明“逐底竞赛”成立。

综合两式，本章主要关注两点：一是，如果β_1显著大于0，β_2不显著异于0，则说明企业金融投资中的模仿策略为：同伴企业增加金融投资，该企业也相应地增加金融投资；但同伴企业减少金融投资时，该企业反应不敏感。此时，企业的模仿行为存在非理性风险，企业在做出金融投资决策时并不会结合自身的经营状况，这种非理性的“逐顶竞赛”模式最终将驱使中国实体企业“脱实向虚”程度“螺旋上升”，给金融系统和实体部门带来的风险是巨大的。二是，如果β_2显著大于0，β_1不显著异于0，则说明企业金融投资中的模仿策略为：同伴企业减少金融投资，该企业相应地减少金融投资；但同伴企业增加金融投资时，该企业反应不敏感。这种“逐底竞赛”的模仿行为有利于缓解中国实体企业“脱实向虚”现状，相较而言，其风险效应十分有限。

表4-3第（3）、（4）列的回归结果显示了企业金融投资中的策略互动类型。结果表明，企业的模仿行为具有显著的非对称性。同伴实体企业“脱实向虚”上升$Peer_up_{-ijkt}$的估计系数显著为正，说明当同伴企业的“脱实向虚”程度相较于前一年出现明显增加时，企业同样倾向于采取增加自身“脱实向虚”程度的模仿策略。也就是说，企业金融投资中的策略互动行为具有“逐顶竞赛”特征。与之不同的是，$I_Fin_down_{ijkt}$的估计系数并不显著，甚至出现负值，说明当同伴企业的“脱实向虚”程度相较于前一年出现明显下降时，企业的反应并不敏感，因此，本章没有发现企业金融投资的策略互动中存在“逐底竞赛”。上述结论的重要内涵在于，企业的金融投资中非理性现象十分突出，它们往往“逐升不逐降”，导致企业和整个经济系统的“脱实向虚”程度呈现不断上升的态势，给金融部门和实体部门带来的潜在风险是不可忽视的。

4.4 同伴效应与实体部门经营风险

前文验证了实体企业“脱实向虚”的同伴效应存在资产异质性、非对称性、非理性风险，这从侧面说明了实体企业“脱实向虚”的同伴效应对实体部门经营风险可能存在不利影响。企业是资本市场和实体经济的双重参与者（倪骁然和朱玉杰，2017），企业将持有资金投向金融活动必然会影响到实体业务的经营，其影响效应主要取决于“脱实向虚”的动机和严重程度。现有研究将实体企业“脱实向虚”的动机归结为

“预防性储备”和“投机”两类，预防性储备动机是指企业在资金富余时购入金融资产，为未来流动性进行储备，在资金紧张时卖出以舒缓资金压力，进而维系企业正常生产活动（胡奕明等，2017）；投机动机认为实体企业“脱实向虚”是为了追逐金融市场上的短期超额收益而进行的套利行为，容易导致企业过度依赖金融资产投资，从而对实体投资和主业经营产生消极作用（张成思和张步昙，2016）。总体来看，多数研究支持实体企业“脱实向虚”是出于投机动机的观点（彭俞超等，2018a；苏冬蔚和毛建辉，2019）。进一步地，还有少量文献从风险角度探究了实体企业“脱实向虚”的经济效应，彭俞超等（2018b）基于股价崩盘风险的视角研究了实体企业“脱实向虚”与金融市场稳定的关系，李建军和韩珣（2019）则以实体企业影子银行化为着眼点，探究了实体企业参与影子银行业务如何影响企业经营风险，然而考察实体企业“脱实向虚”的同伴效应与实体部门经营风险关系的研究还很少见。

本章认为同伴效应影响企业实体经营风险的逻辑如下：首先，由于实体企业“脱实向虚”同伴效应的存在，当观察到同伴企业大量配置金融资产，在信号作用的诱发下，其他实体企业可能竞相配置金融资产。一般而言，金融投资面临的不确定性较高，并且相较于金融类企业，实体企业在专业技能和信息获取能力方面存在明显的劣势，如果实体企业配置的金融资产出现大幅贬值，很可能使实体企业面临财务困境甚至破产风险，这极大地冲击了企业的主营业务，导致企业实体经营风险急剧上升（彭俞超等，2018b）。其次，同伴效应潜在的非理性可能导致众多企业脱离自身经营状况盲目地跟风配置金融资产，忽略自身信息的模仿行为容易造成“搭错车”（傅超等，2015），给企业实体经营带来很大不确定性。最后，多元化经营领域的研究很早就指出，多元化经营对企业风险而言是把“双刃剑”，关键在于进入产业的特点：当企业从一个稳定的产业进入周期波动剧烈的产业，可能会导致企业销量变得不稳定（李敬，1999）。显然，“脱实向虚”的同伴效应会促使大量企业由实业向金融业渗透，而相对于实体部门，金融市场的波动性通常更为剧烈，从这个角度来看同伴效应化也可能增加企业的实体经营风险。

同伴效应不仅会对个体企业经营风险造成直接冲击，更为重要的是，同伴效应还可能通过网络关联效应，间接地诱发整个实体部门出现系统性风险。系统性风险的核心是风险溢出和风险传染（杨子晖等，2020）。一方面，单从实体部门来看，企业实体经营风险会经由同伴网络、生产网络在企业间、产业间展开多轮传染。当一些实体企业率先在金融市场投资并获利时，“同伴效应”可能促使其他实体企业竞相增加该类金融资产（或相似金融资产）的配置，导致同伴企业配置的金融资产趋于“同质化”（许静，2019）。由于金融投资面临的不确定性较高，一旦“同质化”的金融资产遭受负向价格冲击，金融资产投资的网络关联效应会导致整个行业或地区出现系统性金融风险，金融市场的风险又进一步冲击到实体部门，进而引发实体部门的大规模减产和亏损（刘春志和范尧熔，2015）。另一方面，从实体部门和金融部门互动的视角来看，企业的实体经营风险会在其公开披露的多项财务指标中得到不同体现，这将刺激企业股票价格的下跌。同时，注意到金融投资的竞相模仿行为使得企业之间具有紧密且复杂的交叉持股关系，股票价格风险会通过股权关系迅速传染、波及其他企业，甚至产生所谓的“损失螺旋”现象（Brunnermeier和Pedersen，2009），最终将对整个金融系统产生剧烈的冲击，并且足以严重到实体部门的正常生产活动难以为继。

4.4.1 模型构建与变量设定

前文验证了实体企业“脱实向虚”的同伴效应存在资产异质性、非对称性，这从侧面说明了实体企业“脱实向虚”的同伴效应存在一定的非理性风险，可能给实体部门经营风险带来不利影响。本部分，我们正式对同伴效应的风险后果进行检验。首先，参照Silva（2019）的设定，采用如下形式的变系数模型来识别同伴效应的大小：

$$Fin_{ijt} = \alpha + \beta_{jt}\overline{Fin}_{-ijt-1} + \theta' X_{ijt-1} + \mu_i + \nu_t + \varepsilon_{ijt} \tag{4.5}$$

模型（3）与基准模型的设定基本一致，主要区别在于，同伴效应“β”不再是固定的常数，而是随着行业j、年份t发生变化。在具体估计过程中，我们使用基准模型对每一个行业×年份组合分别进行估计，获得相应的同伴效应估计值$\hat{\beta}_{jt}$。接下来，我们采用如下模型检验同伴效应对企业实体经营风险的影响：

$$Risk_{ijt} = \alpha + \delta\hat{\beta}_{jt} + \gamma' X_{ijt-1} + \mu_i + \nu_t + \varepsilon_{ijt} \tag{4.6}$$

其中，$Risk_{ijt}$表示企业的实体经营风险，与贾坤和申广军（2016）的研究类似，本章选取主营业务亏损率来衡量实体经营风险，主要是出于两方面考虑：一方面，对于实体企业而言，主营业务亏损不仅反映了企业财务状况的恶化，而且是实体经营风险的重要预警指标。另一方面，该指标还有助于将企业的实体业务和金融投资业务剥离开来，便于我们把研究焦点置于实体部门，专门考察企业的金融市场行为对实体经济的影响。主营业务亏损指的是企业的主营业务利润率为负（程虹等，2016)，具体测算方式为：主营业务亏损率=-（主营业务利润/主营业务收入)。此外，出于稳健性考虑，我们还采用了主营业务收入（除以总资产）的波动性作为替代指标（余明桂等，2013)。[①]

在控制变量的选择上，根据现有的研究企业风险的相关文献（John等，2008；罗党论等，2016)，我们主要纳入了企业层面的企业规模(Size)、企业财务杠杆（Leverage)、利润率（Roa)、企业成长性(Growth)、股权集中度（Share)、企业产权性质（Owner)、企业年龄(Age)，以及行业层面的赫芬达尔-赫希曼指数（HHI)、行业流动比率(ICR)、行业金融负债比率（IFDR)。此外，模型中还纳入时间固定效应以控制宏观因素（如经济周期、货币环境等）的影响，并纳入个体固定效应以控制个体异质性的影响。

4.4.2 同伴效应与企业实体经营风险

表4-4汇报了主要回归结果。从第（1）列的回归结果可以发现，在控制了影响企业风险的其他因素后，同伴效应β的估计系数在1%水平上显著为正，说明模仿行为可能会提高企业主营业务亏损率，进而提升企业的实体经营风险，这正式地说明了同伴效应的风险后果。在第(2）列中，本章重新定义了实体企业经营风险，以主营业务收入的波动性来衡量，可以看到同伴效应的估计系数仍然显著为正，说明实体企业

---

① 这里，采用年度内季度主营业务收入的波动性（标准差）来度量当年的企业经营风险。

“脱实向虚”的同伴效应会导致实体经营风险增加的研究结论具有一定的稳健性。

表4-4 同伴效应与实体部门经营风险

	企业层面		行业层面	
	主业亏损率	主业收入的波动性	主业亏损率	主业收入的波动性
	(1)	(2)	(3)	(4)
$\hat{\beta}$	0.0470*** (0.0047)	0.0493*** (0.0054)	0.0087* (0.0049)	0.0286*** (0.0090)
Size	0.0064*** (0.0012)	-0.0070*** (0.0013)	-0.0085 (0.0167)	-0.0565** (0.0244)
Leverage	0.1248*** (0.0079)	0.1840*** (0.0084)	0.4475*** (0.0652)	0.6214*** (0.1367)
Roa	-1.0636*** (0.0335)	-0.5213*** (0.0295)	-1.5692*** (0.4182)	-1.1976** (0.4828)
Growth	-0.0268*** (0.0037)	-0.0584*** (0.0086)	-0.0815* (0.0441)	0.0485 (0.0702)
Share	0.0177** (0.0079)	0.0320*** (0.0039)	0.0218 (0.0996)	1.0620*** (0.1811)
Owner	0.0143*** (0.0024)	0.0145*** (0.0026)	-0.0358 (0.0323)	-0.2147*** (0.0500)
Age	0.0001 (0.0002)	0.0001 (0.0003)	-0.0074** (0.0029)	0.0236*** (0.0059)
HHI	0.0188 (0.0174)	-0.2461*** (0.0237)	-0.0758* (0.0404)	-0.0305 (0.0581)
ICR	-0.0467*** (0.0021)	-0.0121*** (0.0020)	-0.0144** (0.0069)	-0.0083 (0.0083)
IFDR	0.1091*** (0.0119)	0.2174*** (0.0141)	0.0314 (0.0322)	0.1665** (0.0730)
Firm/Industry FE	Yes	Yes	Yes	Yes
Year FE	Yes	Yes	Yes	Yes
Obs.	15 189	15 189	190	190
R^2	0.8437	0.8475	0.6250	0.4510

注：括号中是经过异方差调整的稳健型标准误；*、**、***分别表示在10%、5%、1%的水平上显著。

结合前文的分析，本章认为可能的原因在于：一方面，考虑到实体企业“脱实向虚”的同伴效应主要发生在交易类金融资产、投资性房地产等投机性资产上。金融投机使得企业金融资产持有份额不断上升，若企业投资的金融资产出现大幅贬值，会迫使企业面临财务困境甚至破产的风险，这将极大地冲击企业的实体业务，增加企业主营业务的亏损风险。另一方面，企业在金融资产投资上的竞相模仿行为，特别是偏好在同伴企业增持金融资产时进行模仿，会使得众多企业脱离自身经营状况盲目地模仿、跟风，这些非理性行为扭曲了企业的最优金融资产配置水平，造成企业资源的误置，增加了企业实体经营风险。

进一步地，为了明晰不同金融资产上的模仿行为对企业实体经营风险的差异化影响，我们进一步将金融资产分为交易类金融资产、发放贷款和垫款、投资性房地产三大类，根据模型（3）分别估计三类金融资产对应的同伴效应 $\hat{\beta}_{jt}$，最后检验三类同伴效应对企业实体经营风险的影响。回归结果表明，总体而言，在交易类金融资产和投资性房地产两类金融资产上的模仿行为对经营风险的影响明显更强。这与前文的预期是一致的，因为上述两类金融资产主要体现企业的投机倾向，并且具有高收益和高风险并存的特点，如果企业竞相配置上述两类金融资产，显然更容易增加企业的实体经营风险（彭俞超等，2018b）。①

4.4.3 同伴效应与系统性风险

最后，本章以行业整体经营风险为例，通过检验同伴效应对行业整体经营风险的影响，进而从侧面说明同伴效应的系统性风险后果，检验模型设定如下：

$$Risk_{jt} = \alpha + \delta\hat{\beta}_{jt} + \gamma' X_{jt-1} + \mu_j + \nu_t + \varepsilon_{jt} \tag{4.7}$$

在上述模型中，本章以行业整体经营风险作为被解释变量，与企业实体经营风险相对应，本章使用行业内主营业务亏损企业所占比例来衡量行业整体经营风险，并采用行业主营业务总收入（除以行业总资产）的波动性来作为稳健性检验指标。同伴效应 $\hat{\beta}_{jt}$ 为核心解释变量，由模

① 限于篇幅，这部分的估计结果略去。

型（4.4）测算。控制变量与模型（4.5）相同，但均转化为行业平均值；例如，利润率（Roa）使用行业净利润总和/行业总资产度量；经营性现金流（Cash）使用行业经营性现金流净额总和/行业总资产等度量。回归模型是行业年份维度的面板数据模型，模型还控制了时间固定效应与行业固定效应。

表4-4第（3）、（4）列给出了同伴效应与行业整体经营风险的关系。回归结果显示，同伴效应与行业整体经营风险同样存在显著的正相关关系，这说明企业之间的这种竞相模仿行为不仅加剧了个体企业的实体经营风险，更为重要的是，由于风险在不同企业之间传染、扩散，上述同伴效应还可能导致系统性风险的积聚，导致行业整体经营风险的增加，具体表现为行业内主营业务亏损企业的比重有所提高，并且行业的主营业务收入波动性增加。总之，本章的研究结论具有重要的现实启示：实体企业“脱实向虚”进程中的同伴效应在加剧个体企业实体经营风险的同时，还会带来系统性风险的累积，这值得相关部门的高度警惕。

4.5 本章小结

鉴于群体性模仿行为对理解实体企业“脱实向虚”现象极其重要，并且金融投资中这种竞相模仿行为存在着潜在的非理性风险和极强的外部性，对金融体系稳定和实体经济发展影响重大。本章利用2007—2018年沪深A股非金融类上市公司数据，专门考察了企业缘何会模仿其同伴企业的“脱实向虚”行为，并从实体经营风险的视角分析了这种群体性模仿行为对实体经济的潜在影响。

本章从学习效应、产品市场竞争和管理层过度自信三个视角，探讨了实体企业“脱实向虚”同伴效应的存在机制。通过考察企业金融资产投资竞相模仿的原因，本章发现学习效应是导致企业相互模仿的一个重要渠道，产品市场缺乏有效竞争也会导致企业模仿同伴企业的金融资产投资行为，此外，引入具有金融背景管理层会迫使企业产生金融投资的路径依赖，并加剧金融投资中的竞相模仿行为。

本章接下来采用逐步深入的策略来考察同伴效应对实体企业经营风险的影响。首先，本章检验了实体企业“脱实向虚”的同伴效应是否存在资产异质性，研究发现实体企业“脱实向虚”的同伴效应集中在投机性明显和风险较高的交易类金融资产和投资性房地产两类金融资产上，但在投机性不强且风险相对较弱的发放贷款和垫款类金融资产上，实体企业“脱实向虚”的同伴效应不甚明显。这种扎堆性地配置风险金融资产和投机性金融资产，是资本市场风险的重要源头，可能会带来实体经营风险的增加。

其次，本章检验了实体企业“脱实向虚”的同伴效应是否存在非对称性和非理性风险。研究表明，当同伴企业增持金融资产时，企业的模仿行为十分明显，但当同伴企业减持金融资产时，这种模仿效应会明显减弱。同伴效应的这种非对称特征从一定程度上说明了企业在金融资产投资中存在盲目跟风、从众等非理性行为，最终将放大“脱实向虚”对实体经营的影响。进一步地，本章通过检验企业金融投资中的策略互动行为究竟是“逐底竞赛”还是“逐顶竞赛”，试图更加直截了当地说明企业模仿行为的非理性风险，研究发现，企业金融投资中的策略互动行为具有“逐顶竞赛”特征，也就是说，当同伴企业的“脱实向虚”程度相较于前一年出现明显增加时，企业同样倾向于采取增加自身“脱实向虚”程度的模仿策略；但本章没有发现企业金融投资的策略互动中存在“逐底竞赛”，也就是说，当同伴企业的“脱实向虚”程度相较于前一年出现明显下降时，企业的反应并不敏感。这意味着企业金融投资中的非理性现象十分凸显，它们往往“逐升不逐降”，导致企业和整个经济系统的“脱实向虚”程度呈现不断上升的态势，给金融部门和实体部门带来的潜在风险是不可忽视的。

最后，本章正式检验了同伴效应对实体部门经营风险的影响，基于变系数模型测算了同伴效应，并进一步讨论了这种模仿效应对企业个体和行业整体经营风险的影响。该研究发现：企业之间的竞相模仿行为不仅加剧了个体企业的实体经营风险，更为重要的是，由于风险在不同企业之间传染、扩散，上述同伴效应还可能导致系统性风险的积聚，导致行业整体经营风险的增加。总之，本章的研究表明，在发展、壮大实体经济的进程中，需要密切关注实体企业“脱实向虚”的同伴效应，及其对实体部门经营风险的潜在影响。

本章的研究结论具有以下的政策启示：首先，合理和适度的“脱实向虚”有助于实现企业资源的优化配置，但本章发现实体企业“脱实向虚”的同伴效应在一定程度上是由于企业忽视了其自身信息而产生的盲目跟风、从众和金融投机行为。这些非理性模仿行为使得企业容易出现过度“脱实向虚”的倾向，对金融体系稳定和实体部门经营造成明显的不利影响。因此，监管部门在制定防治经济“脱实向虚”的政策时，一方面要规范个体企业的金融投资行为，培育管理层的理性观念，强化“合格投资者”教育，引导其形成注重主营业务经营、注重长期效益的投资理念，缓解非理性模仿行为对实体部门经营风险的冲击。另一方面需要重视“脱实向虚”在企业之间的传染作用，注重区域性、行业性的金融监管合作，实施更为全面的风险稽查和风险评估，警惕金融投资风险的传播扩散。其次，鉴于产品市场竞争程度、金融投资收益和管理层过度自信显著影响着同伴效应的发挥，因此，监管部门需要特别加强对高金融收益、治理结构不够完善相关企业的监管，以避免非理性行为在这些企业中集中爆发。另外，努力营造一个竞争有序的产品市场环境，也是制约风险扩散的一种可行举措。最后，进一步提高实体经济的吸引力尤为必要。决策部门应继续加大简政放权、减税、优化营商环境等政策举措的实施力度，切实降低企业的行政成本、运营成本，增加实体经济的利润空间，引导社会资本流向实体经济，促进实体经济持续健康发展。

5 “脱实向虚”对企业利润率的影响研究

实体企业金融化是近年来我国经济运行中面临的一个突出问题。前文探究了实体企业“脱实向虚”的成因，并深入解读了实体企业“脱实向虚”中的同伴效应现象。从本章开始，将转入考察实体企业“脱实向虚”的经济效应。本书认为“脱实向虚”对企业产生的经济效应可以从长期和短期两个视角来看。从短期来看，利润是企业生存、开展生产活动的根本依靠，而利润率则是反映企业经营状况的核心指标。当前我国实体经济陷入了利润率低迷的困境，许多制造业企业纷纷转向金融领域以弥补利润率的下降（谢富胜和匡晓璐，2020）。在上述现实背景下，“脱实向虚”如何影响企业利润率是一个亟待考察的现实问题。从长期来看，企业的竞争优势主要取决于其产品市场竞争力、创新能力和生产效率。本章将企业金融市场行为利润率联系在一起，从总体利润率和主营业务利润率双重视角评估“脱实向虚”对企业产生的短期经济效应。厘清该问题不仅有助于深化理解实体企业“脱实向虚”的动机和经济后果，而且能够更好地发挥出金融服务于实体经济的积极作用。

5.1 实体企业“脱实向虚”的经济效应相关文献

5.1.1 实体企业“脱实向虚”与经济增长

“脱实向虚”对经济增长的影响是一个经典的研究话题，尽管学术界对该问题开展了广泛而深入的研究，但至今仍没有形成一致性观点，主要的研究结论可分为三类：

首先，一些学者认为“脱实向虚”能够提高经济运行效率，促进经济增长。Deidda和Fattouh（2002）以1960—1989年间全球主要发达国家和发展中国家为研究对象，考察了“脱实向虚”对经济增长的影响。研究表明，对于发达国家而言，金融发展显著促进了经济增长，但是对发展中国家而言，这种促进作用较弱。Pradhan等（2018）针对欧元区国家的研究表明，从长期来看，金融发展对经济增长的促进效应十分明显。

其次，2008年全球金融危机的爆发使得学者们开始反思“脱实向虚”与经济增长之间的关系。Kneer（2013）指出，“脱实向虚”将带来人力资本分配的失衡，过于庞大的金融部门会抑制其他部门的发展，特别是不利于技术密集型产业的发展，对经济的总体影响也是不利的。

最后，还有一些学者认为“脱实向虚”与经济增长的关系并非是线性的。Rousseau和Wachtel（2011）基于1965—2004年间发达国家的数据发现，在经济发展初期，“脱实向虚”有利于经济发展，但是随着经济发展水平的提高，“脱实向虚”的进一步提高可能不会带来产出的增加甚至不利于经济增长，主要原因在于，此时再深化金融发展会占用过多的经济资源。Arcand等（2015）利用多种计量模型检验了“脱实向虚”与经济增长的关系，进一步证实了“脱实向虚”与经济增长之间存在着“倒U形”关系，从曲线的拐点来看，一旦私人信贷占总产出的比重高于100%后，“脱实向虚”对经济增长的不利影响就开始逐渐显现。

基于收入分配不公平角度，Lin和Tomaskovic-Devey（2013）则关注了“脱实向虚”的另一种经济效应，他们认为，在社会收入越发依赖金融部门的条件下，利润分配与社会生产会出现脱钩，这增强了金融资产所有者和精英阶层的议价能力，结果导致普通工人在收入分配和薪酬设定等方面缺乏议价能力。实证研究发现，金融收入依赖性会显著减少劳动收入份额，但会增加高管的薪酬份额以及工人工资的分散程度。从具体数值来看，1970—2008年间，“脱实向虚”使得传统的劳动收入份额下降一半以上，使高管薪酬增长9.6%，使工人工资分散度增加10.2%。高峰（2011）认为“脱实向虚”会促使大量资本在虚拟经济中空转，金融部门逐渐脱离实体经济并实现自我增值，导致实体部门面临着生产过剩。这种资本积累方式造成财富聚集在少数人手中，普通工人的收入增长难以得到有效保证，势必带来收入差距的不断扩大。

5.1.2 实体企业“脱实向虚”对实体投资的影响

还有一些研究从微观视角来考察实体企业“脱实向虚”的经济效应。关于实体企业“脱实向虚”对实体企业投资的影响，目前主要有“促进论”和“阻碍论”两种观点。持“阻碍论”的观点如Crotty（2005）在理论上指出实体企业“脱实向虚”导致企业的营业重心由生产性部门向金融部门转移，将挤占企业的生产性投资，长此以往，实体部门会陷入衰退困境。Demir（2009）从企业效用函数出发建立了实体企业投资决策模型，模型主要涉及金融投资和固定资产投资两类资产，通过对墨西哥、土耳其和阿根廷等国进行实证研究发现，金融投资收益率相对固定资产投资收益率越高，则企业金融投资的阻碍作用越明显，在控制了不确定风险等因素后，二者收益率差异每增加1%，会导致阿根廷、墨西哥和土耳其的固定资产投资分别下降4%、0.6%和2%，这从侧面证实了金融投资对固定资产投资的阻碍作用。

此外，张成思和张步昙（2016）在Demir（2009）的基础上构建了一个包含风险因素的企业投资决策模型，并从金融资产投资比重、风险调整后的金融投资收益率与固定资产投资收益率差异以及金融投资相对风险三个角度定义实体企业“脱实向虚”，试图从“脱实向虚”视角来解读中国实业投资率下降的谜题。其以2006—2014年间A股非金融类上市公司为研究对象发现，在控制固定资产投资收益和风险因素的情况下，实体企业“脱实向虚”对实体投资率具有显著的抑制作用，并且金融资产投资依赖性会削弱货币政策对实体投资的提振效果。

持“促进论”观点如Greenwood和Jovanovic（1995）认为，从传统意义来看，投资主要取决于储蓄，而储蓄功能的实现离不开金融发展。随着金融创新和金融工具的不断完善，企业的资金储蓄方式越发多样化，实体企业“脱实向虚”从某种意义上可以视为一种“资金蓄水池”，“脱实向虚”可以为实体投资提供更多的储备资金。胡奕明等（2017）也强调了企业金融资产投资中的“蓄水池”作用：企业在资金富余时买入金融资产，为将来的流动性进行储备；在资金紧张时卖出金融资产，以舒缓资金压力，维系企业正常经营业务，这种以预防性动机为主的金融资产投资，不仅不会对实体投资产生阻碍作用，反而会促进实体投资（胡奕明等，2017）。

刘贯春等（2019）则从固定资产投资波动上给出了进一步的实证证据，研究发现企业金融资产投资占比越高，固定资产投资波动幅度越小，即“脱实向虚”能够有效平滑企业实体投资波动，通过进一步分析发现这种平滑作用具有非对称性特点，在企业固定资产投资不足时更为明显。另外，该文还从金融部门利润累积角度来刻画“脱实向虚”，发现金融部门利润占比与企业固定资产投资波动之间没有显著的关联性。

5.1.3 实体企业“脱实向虚”对创新和生产率的影响

长期以来，企业的创新和生产率一直是学界关注的重点，如何有效提升企业创新能力和生产率对经济发展意义重大。一些文献认为实体企业“脱实向虚”对创新和生产率具有促进作用，主要的影响机制有以下两条：

其一，Hall（2002）指出研发和技术创新往往具有周期长、不确定性高以及投入大等特征，因此稳定的资金来源以及内外部融资环境对企业研发创新活动十分重要。解维敏和方红星（2011）强调了融资约束是决定企业研发创新的关键性因素，因为企业的创新以及生产率的提高需要依赖数额庞大的可持续资金，而企业现金流很容易受到内外部环境冲击，因此融资条件对企业创新和生产率的重要性不言而喻。Almeida等

(2004)、刘贯春等（2017)、彭俞超和黄志刚（2018）认为金融资产投资能够有效缓解企业面临的融资约束：与固定资产相比，金融资产的流动性相对更强，当企业资金压力趋紧时，可以通过出售金融资产获得流动性，进而缓解融资约束；与现金资产相比，投资金融资产能够获得一定的投资收益，可以为企业经营业务活动储备更多内部资金，有助于降低外部融资需求和生产成本。

其二，Allen 等（2005）认为非金融企业的“脱实向虚”行为，特别是与金融机构建立的股权关系能够有效降低研发创新过程中的信息不对称问题，从而提高研发创新的成功概率。Morales（2003）指出，在现代金融体系中，金融中介在信息收集、项目监管和避免道德风险等方面存在比较优势，他们能够为企业的研发创新项目提供较为专业的评估和指导，这同样提高了企业的研发创新的成功概率。此外，Boot 和 Thakor（2000）发现企业和金融机构的密切联系使得企业在融资时无须向市场披露过多的自身信息，企业的特质信息不容易传递到竞争对手那里，企业的研发创新动力相对更足。

另一些文献则认为，实体企业“脱实向虚”与创新和生产率之间存在负向关系。首先，从短期来看，金融和房地产市场的投资回报率可能要高于实体回报率。为了追逐金融市场上的短期超额收益，企业管理层的投资视野将会缩短，更加倾向于采用金融资产投资行为进行投机套利(杜勇等，2017)，过度的金融资产投资会挤占企业对主营业务的资源投入，导致企业研发创新投入不足和生产效率下降。其次，从长期来看，实体企业“脱实向虚”可能会引起企业投资偏好和主营业务模式发生改变。随着金融资产投资回报在企业利润中占比的提高，在跨行业套利动机的驱使下，企业管理层在进行投资决策时，会愈发依赖金融资产投资，使得企业逐渐丧失研发创新的意识和动力（戚聿东和张任之，2018)。长此以往，企业的大量资金将停留在虚拟经济中“空转”，其经营业务模式将不再围绕着主业展开，最终也会造成创新和生产效率的下降。最后，从股东价值导向来看，由于研发创新具有周期性长、不确定性高、收益见效慢等特点，为了迎合股东对企业股价和市值的诉求，管理层更倾向于将资金配置在金融市场上以获取短期利润，从而推动股价的上涨，实现自身在短期激励下的收益最大化，这迫使实体企业将企业经济资源更多地配置在金融市场，放弃周期性长、不确定性高、收益见效慢的研发创新项目。

实体企业“脱实向虚”对创新和生产率的负向作用也得到诸多实证研究的证实。例如，王红建等（2017）利用我国制造业企业数据，在投机套利的分析框架下，检验了实体企业“脱实向虚”对企业创新和生产率的影响。总的来看，实体企业“脱实向虚”显著挤出了企业的研发创新投入，投机套利动机越强，这种挤出效应越明显，但实体企业“脱实向虚”对生产率的负面影响并不明显。解维敏（2018）以非金融企业持股金融企业来衡量实体企业“脱实向虚”，在此基础上利用2007—2014年上市公司数据考察了实体企业“脱实向虚”与创新的关系，研究发现，持股金融企业对实体企业的研发创新具有显著的抑制作用，并且这种抑制作用在融资约束严重以及管理层业绩压力偏大的实体企业中更加显著。戚聿东和张任之（2018）通过研究发现，企业配置的金融资产比例越高，其在主营业务上的全要素生产率相应越低。

5.1.4 实体企业“脱实向虚”对企业价值的影响

价值的最大化是企业决策经营活动的重要目的，企业价值不仅考虑了现值的影响，还兼顾了时间因素，是衡量企业经营决策效果的适宜指标。从现有的研究结论来看，一般认为实体企业金融资产投资，特别是风险金融资产投资与企业价值之间存在负向关系。戚聿东和张任之（2018）以TobinQ来衡量企业价值，利用交易性金融资产、委托贷款及理财产品、长期金融股权投资和投资性房地产四类资产占总资产的比重表示实体企业“脱实向虚”，实证考察了实体企业“脱实向虚”对企业价值的影响，发现“脱实向虚”总体上抑制了企业价值的提升，且企业投机套利动机越强，这种抑制作用越明显。

更深入的研究将金融投资进一步细分为风险金融投资和安全金融投资。Duchin 等（2017）构建了标普500企业的金融资产投资微观数据，揭示了美国实体企业的“脱实向虚”现状，并研究了美国实体企业“脱实向虚”的价值效应。研究发现，与配置安全金融资产相比，风险金融资产投资使得企业的价值下降13%~22%。闫海洲和陈百助（2018）利用企业股票超额收益作为企业价值的近似替代，在此基础上考察了金融资产投资对中国企业价值的影响，研究表明风险金融资产投资对企业价值具有显著的抑制作用，在控制影响企业价值的其他因素后，风险金融资产投资的边际价值为-0.791，但作者同时发现安全金融资产投资有利于企业价值的进一步提升。

5.1.5 实体企业“脱实向虚”对企业风险的影响

还有一些文献关注了实体企业“脱实向虚”的风险效应。基于金融风险视角，彭俞超等（2018）建立了一个含有市场、企业和职业经理人的微观博弈动态模型，理论分析发现实体企业“脱实向虚”有助于隐藏企业的“坏消息”，提升了企业股票价格的崩盘概率。利用沪深A股2007—2016年的上市公司数据的实证检验结果表明，实体企业“脱实向虚”水平每上升1单位标准差，下一期股票价的崩盘概率会相应地提高5.5%，并且实体企业“脱实向虚”的股票崩盘风险效应在经营风险较高、内部控制质量较差的企业中更为明显，这从微观层面阐释了实体企业“脱实向虚”引致金融风险的一种新机制。

基于经营风险视角，李建军和韩珣（2019）重点关注了金融监管缺失导致的非金融企业影子银行化对企业经营风险的影响，以中国上市公司为研究对象发现，实体企业从事影子银行业务会显著加剧经营的波动性和企业发生财务危机的可能性，从而增加了企业的经营风险。并且这种风险增加效应在融资约束严重以及公司治理水平较差的企业中更为明显。此外，该文还发现企业从事影子银行的两种渠道：通过民间借贷和委托贷款、通过购买金融中介的影子银行产品，均会在不同程度上给企业的经营带来风险。相对而言，杜勇等（2019）则给出了实体企业“脱实向虚”与经营风险关系之间更为直接的证据，利用5年的经营业绩标准差性来衡量经营风险，发现实体企业“脱实向虚”显著增加了经营业绩的波动性，加剧了企业经营风险。该文还发现，企业CEO的金融从业背景会缓解实体企业“脱实向虚”带来的经营风险。

通过上述文献梳理可以发现，现有文献从实体投资、创新和生产率、企业价值和企业风险多个角度考察了实体企业“脱实向虚”的经济效应，这为认识与理解实体企业“脱实向虚”的影响后果提供了重要的参考价值，然而这些文献在评估实体企业“脱实向虚”的经济效应时却较少涉及企业利润率视角。尽管有少量文献强调在短期内金融化对企业盈利具有促进作用。例如，谢富胜和匡晓璐（2020）有如下表述：“当前我国实体经济陷入了经营利润率低迷的困境，许多制造业企业纷纷转向金融领域以弥补经营利润率的下降……金融投资的获利方式仅需花费一定的交易成本就能通过买卖金融产品、投资房地产以及套利交易等途径间接参与利润分配，同时用于金融活动的资金流动性更强、规模更小、周转速度更快，在短期内倾向于为企业带来更多的利润。”胡海峰等（2020）指出：“实体企业投资金融，可以在短期内获得可观的收益，改善企业的盈利水平。”王红建等（2016）指出：“金融与房地产行业的‘暴利’改变了实体企业的投资机会，跨行业套利迫使实体企业必须在短期资本投资与长期创新投资之间做出权衡，当企业选择进行短期套利时，在资源约束的条件下必然减少用于企业创新投资的资源，同时也降低了企业创新的意愿，但也可能存在融资便利效应乃至业绩改善作用。”但这些研究较少从总体利润率和主营业务利润率双重视角评估实体企业“脱实向虚”的短期经济效应，企业在“脱实向虚”过程中可能通过金融投机获得一定的短期超额收益，提高其总体利润率，在获得一定金融投资收益的同时“不务正业”也进一步降低了主营业务盈利能力，这种现象是否存在值得我们深入研究。

5.2 模型构建、变量测算与数据

5.2.1 计量模型构建

为了考察实体企业“脱实向虚”与其利润率的关系，本书参考谢富胜和匡晓璐（2020），建立了下列形式的计量模型：

$$R\_T_{ijt} = \beta_0 + \beta_1 Fin_{ijt} + X'\theta + \mu_j + \nu_t + \varepsilon_{ijt} \tag{5.1}$$

$$R\_O_{ijt} = \beta_0 + \beta_1 Fin_{ijt} + X'\theta + \mu_j + \nu_t + \varepsilon_{ijt} \tag{5.2}$$

其中，下标i、j和t分别表示企业、行业和年份。被解释变量R_T_{ijt}和R_O_{ijt}分别表示企业的总体利润率和主营业务利润率；核心解释变量Fin为实体企业“脱实向虚”；X为控制变量集合，包含企业层面的控制变量：企业规模（Size）、企业财务杠杆率（Leverage）、利润率（Roa）、企业成长性（Growth）、股权集中度（Share）、企业产权性质（Owner）、企业年龄（Age）；行业层面的控制变量：赫芬达尔-赫希曼指数（HHI）、行业流动比率（ICR）、行业金融负债比率（IFDR）；μ_j表示行业固定效应；ν_t表示时间固定效应；ε_{ijt}为残差项。考虑到企业需要时间来对经济环境的变化做出反应，模型中的解释变量均作滞后一期处理，该做法也可以在一定程度上缓解双向因果关系的影响。

5.2.2 指标测算

5.2.2.1 被解释变量

被解释变量R_T_{ijt}和R_O_{ijt}分别表示企业的总体利润率和主营业务利润率。其中，总体利润率=总利润/总资本，主营业务利润率=主营业务利润/总资本。为了直观比较实体部门、金融部门的盈利状况，本章同时利用总体利润率R_T_{ijt}、主营业务利润率R_O_{ijt}进行回归分析。

5.2.2.2 解释变量

本书的主要解释变量为实体企业“脱实向虚”，用企业金融资产投资额占总资产的比重来衡量（宋军和陆旸，2015、彭俞超等，2018b），企业投资的金融资产主要包括资产负债表中的以下科目：交易性金融资产、买入返售金融资产、可供出售金融资产、持有至到期投资、发放贷款及垫款净额，其中前四项可归为交易类金融资产。

本书借鉴杜勇等（2017）、谢富胜和匡晓璐（2020）的研究，选取如下变量作为控制变量：企业规模（Size）：总资产的自然对数；企业财务杠杆率（Leverage）：企业总负债/总资产；企业成长性（Growth）：

企业营业收入年增长率；利润率（Roa）：净利润/总资产；股权集中度（Share）：前十大股东的持股占比；企业产权性质（Owner）：根据企业股权性质赋值，国有企业取1，非国有企业取0；企业年龄（Age）：企业成立时间；赫芬达尔-赫希曼指数（HHI）；行业流动比率（ICR）；行业金融负债比率（IFDR）。

5.2.3 样本与描述性统计

本章使用的数据主要来自于国泰安（CSMAR）数据库，选取2007—2018年沪深两市A股上市公司作为研究样本。根据公司金融领域的一般性做法，我们剔除了ST、PT、交叉上市和当年新上市的样本，同时将关键变量缺失或数据存在明显异常的样本予以剔除。另外，鉴于本书的研究对象为实体企业，我们还剔除了金融行业、房地产行业的样本。为了避免极端值对研究结论产生重要影响，我们对企业层面的连续变量进行了1%和99%水平的Winsorize处理。经过上述处理后，本书得到15 189个有效样本，是包含2 160家企业的非平衡面板数据。值得一提的是，本章最终使用的样本范围是2009—2018年，主要是由于部分解释变量以增长率形式呈现，并且需要用到滞后期序列。

表5-1汇报了主要变量的描述性统计结果。从表5-1可以看出，企业总体利润率R_T_{ijt}均值为4.35%，表示近年来实体行业的利润率相对较低。实体企业“脱实向虚”滞后一期Fin_{ijt-1}的均值为0.0194，与前文的统计结果差异不大。从控制变量来看，前十大股东股权占比Share均值为0.5499，说明平均而言，企业股权较为集中，大股东对管理层具有一定的控制、约束，进而实现股东价值诉求。企业成长性Growth的均值为0.1622，说明企业主营业务收入年均增长了16.22%。企业资产负债率Leverage均值为0.4538，说明我国上市公司平均持有了相当于自身资产45.38%的债务。其他变量的描述性统计结果不再赘述。

表5-2进一步给出了各变量之间的Pearson相关系数矩阵，可以看到两个被解释变量总体利润率R_T和主营业务利润率R_O之间具有较

强的相关性，此外，值得注意的是，总体利润率R_T和实体企业“脱实向虚”之间存在显著正相关关系，但主营业务利润率R_O和实体企业“脱实向虚”之间存在显著负相关关系，这从一定程度上说明了，在短期内，实体企业“脱实向虚”可能会提高企业总利润，然而降低了其主营业务盈利情况。表5-3报告了变量的方差膨胀因子VIF，可见无论被解释变量为总体利润率R_T抑或主营业务利润率R_O，所有解释变量和控制变量的方差膨胀因子VIF均小于3。因此，不存在严重的多重共线性问题，可以建立模型进行回归。

表5-1 **主要变量描述性统计**

	变量名	样本数	均值	标准差	最小值	最大值
被解释变量	R_T_{ijt}	15 189	0.0435	0.0739	-2.5378	0.4940
解释变量	Fin_{ijt-1}	15 189	0.0194	0.0539	0	0.8587
	$Size_{ijt-1}$	15 189	22.1085	1.1904	19.2226	25.9911
	$Leverage_{ijt-1}$	15 189	0.4538	0.1981	0.0578	1.0029
	Roa_{ijt-1}	15 189	0.0393	0.0474	-0.1924	0.2087
	$Growth_{ijt-1}$	15 189	0.1622	0.3741	-0.5759	4.0242
	$Share_{ijt-1}$	15 189	0.5499	0.1517	0.2141	0.9051
	$Owner_{ijt-1}$	15 189	0.4979	0.5001	0.0000	1.0000
	Age_{ijt-1}	15 189	15.6474	5.4941	1	50
	HHI_{jt-1}	15 189	0.0634	0.0618	0.0189	0.7269
	ICR_{jt-1}	15 189	2.1658	0.7322	0.7746	6.1199
	$IFDR_{jt-1}$	15 189	0.4377	0.1039	0.2239	0.6975
	$House_{ijkt-1}$	15 189	0.0738	0.0546	-0.0166	0.2318

表5-2 Pearson相关系数矩阵

	R_T	R_O	Fin	Size	Leverage	Roa	Growth	Share	Owner	Age
R_T	1									
R_O	0.509***	1								
Fin	0.016**	-0.066*** 0.413***	1							
Size	0.002	-0.119***	0.030***	1						
Leverage	-0.245***	-0.225***	-0.102***	0.404***	1					
Roa	0.528***	0.491***	0.003	-0.003	-0.393***	1				
Growth	0.174***	0.109***	-0.014*	-0.032***	-0.008	0.009	1			
Share	-0.170***	-0.134***	0.094***	-0.171***	0.124***	-0.229***	-0.036***	1		
Owner	-0.056***	-0.146***	0.011	0.262***	0.254***	-0.134***	-0.066***	0.038***	1	
Age	-0.051***	-0.056***	0.140***	0.144***	0.121***	-0.089***	-0.023***	0.219***	0.121***	1

注：*、**、***分别表示在10%、5%、1%的水平上显著。

表5-3　　方差膨胀因子

变量	VIF	1/VIF
主要被解释变量为总体利润率R_T或R_O		
Fin_{ijt-1}	1.06	0.9437
$Size_{ijt-1}$	1.61	0.6248
$Leverage_{ijt-1}$	1.72	0.5819
Roa_{ijt-1}	1.31	0.7651
$Growth_{ijt-1}$	1.05	0.9556
$Share_{ijt-1}$	1.18	0.8460
$Owner_{ijt-1}$	1.21	0.8296
Age_{ijt-1}	1.33	0.7511
HHI_{jt-1}	1.42	0.7059
ICR_{jt-1}	1.24	0.8057
$IFDR_{jt-1}$	1.06	0.9420

5.3 实体企业“脱实向虚”对企业利润率的影响分析

5.3.1 主要实证结果

为了考察实体企业“脱实向虚”对企业利润率的影响，我们首先分别基于总体利润率R_T和主营业务利润率R_O对模型5.1、模型5.2进行估计（见表5-4）。作为比较，第（1）列仅纳入实体企业“脱实向虚”变量，第（2）列控制了行业固定效应和时间固定效应，第（3）列进一步控制了影响企业总体利润率的控制变量。第（1）—（3）列的回归结果显示，实体企业“脱实向虚”的估计系数均为正且都通过了5%水平的显著性检验，说明企业配置的金融资产份额越大，企业的总体利润率相应越高，即短期内实体企业金融化能够提高企业总体利润率。第（4）—（6）列以主营业务利润率作为被解释变量，回归结果显示，实体企业“脱实向虚”的估计系数均为负，且均通过1%水平的显著性检验。表明实体企业“脱实向虚”对其主营业务利润率存在显著的负向影响，企业配置金融资产越多，其主营业务盈利水平越低，这与总体利润率形成鲜明对比。可能原因在于，出于获取短期超额收益的动机，管理层更倾向于通过金融化进行投机套利，以达到给财务报表“注水”的目的（杜勇等，2017）。这与宋军和陆旸（2015）、杜勇等（2017）的研究发现类似。宋军和陆旸（2015）按照经营收益率将2007—2012年我国A股上市公司分为低业绩组、中业绩组、高业绩组。研究发现，平均而言，低业绩组企业金融投资收益率为2.91%[①]，经营收益率为-4.25%。因此，其文中有如下表述：“低业绩公司很有动力去寻找收益更高的项目投资。金融投资对这些企业就像是‘救命稻草’，轻则可减少账面亏损，重则可扭亏为盈。”杜勇等（2017）利用剔除金融投资收益的总资产收益率来衡量实体企业主业业绩，研究发现企业配置金融资产与主业的发展存在显著的负向关系。

表5-4 **基准回归结果**

	R_T			R_O		
	(1)	(2)	(3)	(4)	(5)	(6)
Fin_{ijt-1}	0.0230** (0.0096)	0.0182** (0.0089)	0.0196** (0.0086)	-0.1209*** (0.0128)	-0.1501*** (0.0136)	-0.1053*** (0.0119)
$Size_{ijt-1}$			0.0018*** (0.0005)			-0.0075*** (0.0006)
$Leverage_{ijt-1}$			-0.0238*** (0.0042)			0.0285 (0.0046)
Roa_{ijt-1}			0.7771*** (0.0226)			0.9836*** (0.0229)
$Growth_{ijt-1}$			0.0322*** (0.0019)			0.0242*** (0.0023)

① 宋军和陆旸（2015）定义的金融资产中包括了收益很低的货币金融资产，因此，实际的金融投资收益率要高于2.91%。

续表

	R_T			R_O		
	(1)	(2)	(3)	(4)	(5)	(6)
$Share_{ijt-1}$			−0.0245*** (0.0034)			−0.0354*** (0.0047)
$Owner_{ijt-1}$			0.0032*** (0.0011)			−0.0033** (0.0014)
Age_{ijt-1}			0.0004*** (0.0001)			0.0004*** (0.0001)
HHI_{jt-1}			−0.0179** (0.0070)			−0.1251*** (0.0099)
ICR_{jt-1}			0.0015** (0.0007)			0.0235*** (0.0014)
$IFDR_{jt-1}$			0.0036 (0.0056)			−0.0863*** (0.0064)
Constant	0.0420*** (0.0006)	0.0233*** (0.0049)	−0.0122 (0.0105)	0.1406*** (0.0008)	0.0986*** (0.0057)	0.2825*** (0.0151)
Industry FE	No	Yes	Yes	No	No	Yes
Year FE	No	Yes	No	No	No	No
Obs.	15 189	15 189	15 189	15 189	15 189	15 189
R^2	0.0004	0.0278	0.3187	0.0043	0.1985	0.3257

注：括号中是经过异方差调整的稳健型标准误；*、**、***分别表示在10%、5%、1%的水平上显著。

5.3.2 实体企业“脱实向虚”对利润率的长期影响

为了考察实体企业“脱实向虚”对利润率的长期影响，本书参考杜勇等（2017），构建了如下形式的计量模型：

$$R\_T_{ijt+h} = \beta_0 + \beta_1 Fin_{ijt} + X'\theta + \mu_j + \nu_t + \varepsilon_{ijt} \quad (5.3)$$

$$R\_O_{ijt+h} = \beta_0 + \beta_1 Fin_{ijt} + X'\theta + \mu_j + \nu_t + \varepsilon_{ijt} \quad (5.4)$$

就模型设定而言，模型5.3和模型5.4与基准模型变量基本一致，主要区别在于被解释变量采用了未来期的形式，这里我们主要关注当期的金融化行为对未来3期和未来5期利润率的影响，也就是说，此时被解释变量变为R_T_{ijt+3}、R_O_{ijt+3}、R_T_{ijt+5}、R_O_{ijt+5}。其他变量的设定形式不再赘述。

从表5-5第（1）、（2）列的回归结果可以看到，在控制了影响企业总体利润率的其他因素后，实体企业“脱实向虚”对未来3期和5期的总利润的影响效应不再显著，说明金融资产投资对企业总体利润的影响是临时的，企业通过金融化只能在短期内“粉饰”其财务报表，长期内，“脱实向虚”对总利润的促进效应不明显。第（3）、（4）列中，我们将研究视角转向主营业务利润率，无论是未来3期还是未来5期的主营业务利润率，实体企业“脱实向虚”的估计系数均显著为负，说明“脱实向虚”对企业主营业务利润率的抑制效应具有长期性、持续性特点。上述分析说明，实体企业“脱实向虚”对总体利润率的改善作用仅在短期内有效，但却显著抑制了主营业务利润率的提升。

表5-5 **实体企业“脱实向虚”对利润率的长期影响**

	R_T_{ijt+3}	R_T_{ijt+5}	R_O_{ijt+3}	R_O_{ijt+5}
	（1）	（2）	（3）	（4）
Fin_{ijt-1}	0.0015 （0.0144）	0.0001 （0.0170）	-0.1205^{***} （0.0157）	-0.1151^{***} （0.0201）
$Size_{ijt-1}$	0.0014^{**} （0.0006）	0.0021^{**} （0.0009）	-0.0088^{***} （0.0009）	-0.0084^{***} （0.0011）
$Leverage_{ijt-1}$	-0.0201^{***} （0.0052）	-0.0255^{***} （0.0007）	0.0309^{***} （0.0057）	0.0302^{***} （0.0072）
Roa_{ijt-1}	0.7503^{***} （0.0312）	0.7172^{***} （0.0432）	0.9873^{***} （0.0303）	0.9243^{***} （0.0377）
$Growth_{ijt-1}$	0.0304^{***} （0.0025）	0.0331^{***} （0.0034）	0.0207^{***} （0.0029）	0.0197^{***} （0.0032）

续表

	R_T_{ijt+3}	R_T_{ijt+5}	R_O_{ijt+3}	R_O_{ijt+5}
	(1)	(2)	(3)	(4)
$Share_{ijt-1}$	−0.0257*** (0.0047)	−0.0313*** (0.0072)	−0.0525*** (0.0063)	−0.0621*** (0.0082)
$Owner_{ijt-1}$	0.0041*** (0.0016)	0.0061** (0.0024)	−0.0054*** (0.0018)	−0.0055** (0.0023)
Age_{ijt-1}	0.0004*** (0.0001)	0.0005* (0.0002)	0.0003* (0.0002)	0.0001 (0.0002)
HHI_{jt-1}	−0.0223** (0.0103)	−0.0287* (0.0159)	−01155*** (0.0122)	−0.0925*** (0.0166)
ICR_{jt-1}	0.0021** (0.0009)	0.0051** (0.0007)	0.0262*** (0.0017)	0.0365*** (0.0026)
$IFDR_{jt-1}$	0.0109 (0.0082)	0.0197* (0.0115)	−0.0759*** (0.0008)	−0.0572*** (0.0105)
Constant	−0.0198*** (0.0137)	−0.0372* (0.0205)	0.1406*** (0.0008)	0.2606*** (0.0262)
Industry FE	Yes	Yes	Yes	Yes
Year FE	Yes	Yes	Yes	Yes
Obs.	8 971	5 886	8 969	5 884
R^2	0.2738	0.2242	0.3325	0.3243

注：括号中是经过异方差调整的稳健型标准误；*、**、***分别表示在10%、5%、1%的水平上显著。

5.4 “脱实向虚”与企业利润率：宏观经济环境的调节作用

5.4.1 经济周期

近年来，宏观经济周期对微观企业行为的影响引起了诸多研究的关注，本章认为，企业所处的经济周期对于理解实体企业“脱实向虚”和利润率的关系同样重要。在经济扩张时期，一方面，企业的经营利润增加且获得融资支持的难度降低，所拥有的内外部资源相对充裕；另一方面，此时实体经济的投资回报率较高，企业也愿意将资金投向主营业务之中。在上述情形下，实体企业“脱实向虚”行为对总体利润率的短期提升作用较小，从而对主营业务利润率的抑制效应也相应更小。反之，在经济收缩时期，企业经济资源“捉襟见肘”，此时过度涉足金融市场，势必给主营业务利润率带来更为严重的挤出效应，同时这种跨市场套利行为给总体利润率带来的短期促进效应可能更为明显。

为了较为准确地度量宏观经济周期的演变态势，本章按照经济周期理论的相关定义，采用目前国际上广泛使用的滤波方法来获取经济周期成分。本章将产出GDP剔除价格因素后进行HP滤波过滤得到经济周期成分。考虑到滤波方法对样本数据量要求较高，本章选取1978年至2018年GDP数据进行滤波处理，最后，本章保留2007年至2018年的数据用于模型估计。GDP平减指数和名义GDP数据来源于中经网统计数据库。

表5-6第（1）列在基准模型（5.1）的基础上加入了经济周期和实体企业“脱实向虚”的交互项（Fin*Cycle），回归结果显示，交互项的估计系数均显著为负，这意味着，相对于经济收缩期，金融资产投资对总体利润率的促进效应在经济扩张时期表现得更为有限，也就是说，实体企业“脱实向虚”对总体利润率的改善作用在经济扩张期间将被“弱化”。与此同时，从第（4）列结果可以看到，经济周期和实体企业“脱实向虚”的交互项（Fin*Cycle）显著为正，说明相对于经济扩张期间，实体企业“脱实向虚”对主营业务利润率的抑制效应在经济收缩期间更为突出。

5.4.2 股票市场和房地产市场表现

在这一部分，本章通过分析股市和房市不同市场表现下实体企业“脱实向虚”与利润率的关系，进而从侧面来识别实体企业“脱实向虚”的主要动机。

表5-6 **实体企业“脱实向虚”与成本加成率：宏观经济因素的调节作用**

	R_T			R_O		
	(1)	(2)	(3)	(4)	(5)	(6)
Fin	0.0427*** (0.0113)	0.0171*** (0.0088)	0.0284 (0.0233)	-0.1168*** (0.0153)	-0.1048*** (0.0121)	-0.1412*** (0.0259)
Fin*Cycle	-0.0001** (0.0000)			0.0002** (0.0001)		
Fin*Stock		0.0964*** (0.0343)			-0.0214** (0.0113)	
Fin*House			0.0058** (0.0028)			-0.0043 (0.0028)
Size	0.0018*** (0.0005)	0.0019*** (0.0005)	0.0019*** (0.0005)	-0.0075*** (0.0007)	-0.0075*** (0.0007)	-0.0075*** (0.0007)
Leverage	-0.0237*** (0.0042)	-0.0238*** (0.0042)	-0.0237*** (0.0042)	0.0284 (0.0046)	0.0284 (0.0046)	0.0285 (0.0046)
Roa	0.7766*** (0.0226)	0.7768*** (0.0226)	0.7777*** (0.0226)	0.9839*** (0.0229)	0.9838*** (0.0229)	0.9842*** (0.0229)
Growth	0.0322*** (0.0019)	0.0322*** (0.0019)	0.0323*** (0.0019)	0.0243*** (0.0023)	0.0242*** (0.0023)	0.0242*** (0.0023)
Share	-0.0245*** (0.0034)	-0.0247*** (0.0034)	-0.0245*** (0.0034)	-0.0354*** (0.0048)	-0.0354*** (0.0048)	-0.0354*** (0.0048)
Owner	0.0031*** (0.0012)	0.0031*** (0.0012)	0.0032*** (0.0012)	-0.0034** (0.0015)	-0.0034** (0.0015)	-0.0034** (0.0015)
Age	0.0004*** (0.0001)	0.0004*** (0.0001)	0.0004*** (0.0001)	0.0004*** (0.0001)	0.0004*** (0.0001)	0.0004*** (0.0001)
HHI	-0.0175** (0.0070)	-0.0176** (0.0070)	-0.0179** (0.0070)	-0.1254*** (0.0099)	-0.1253*** (0.0099)	-0.1253*** (0.0099)

续表

	R_T			R_O		
	（1）	（2）	（3）	（4）	（5）	（6）
ICR	0.0016** （0.0007）	0.0016** （0.0007）	0.0016** （0.0007）	0.0236*** （0.0014）	0.0236*** （0.0014）	0.0236*** （0.0014）
IFDR	0.0037 （0.0056）	0.0038 （0.0056）	0.0037 （0.0056）	−0.0864*** （0.0064）	−0.0864*** （0.0064）	−0.0863*** （0.0064）
Constant	−0.0127 （0.0105）	−0.0133 （0.0105）	−0.0128 （0.0105）	0.2829*** （0.0151）	0.2829*** （0.0151）	0.2821*** （0.0152）
行业固定效应	Yes	Yes	Yes	Yes	Yes	Yes
个体固定效应	Yes	Yes	Yes	Yes	Yes	Yes
N	15 189	15 189	15 189	15 189	15 189	15 189
R^2	0.3190	0.3191	0.3189	0.3257	0.3257	0.3258

注：括号中是经过异方差调整的稳健型标准误；*、**、***分别表示在10%、5%、1%的水平上显著。

如果企业投资金融资产的确是为了进行跨行业套利，那么，当股市和房市持续上涨时，为了追逐短期超额收益，企业可能会不断追加金融资产投资规模，其大量资金将停留在虚拟经济中“空转”，用于主营业务上的经济资源会随之减少。因此，在其他条件不变的前提下，相对于股市和房市的萧条期，此时实体企业“脱实向虚”对主营业务利润率的影响可能尤为不利。与之相反，如果企业投资金融资产的主要动机是“蓄水池动机”，那么，企业会在股市和房市上涨时选择卖出金融资产，并将这些资金用于实体投资活动（胡奕明等，2017），因此，相对于股市和房市的繁荣期，此时实体企业“脱实向虚”对主营业务利润率可能不会产生明显的抑制效应，或抑制效应更小。也就是说，如果“投机动机”占据主导，那么在股市和房市上涨时期，实体企业“脱实向虚”对主营业务利润率抑制作用应该更为明显。与之相反，如果“蓄水池动机”占据主导，那么在股市和房市上涨时期，实体企业“脱实向虚”对主营业务利润率的抑制作用应该更弱。

本章首先考察股市表现如何影响实体企业“脱实向虚”与利润率之间的关系。本章选取上证综合指数和深证综合指数的年收益率数据，按照沪深两市的年成交总额进行加权平均，得到股市表现数据。表5-5第（2）、（5）列加入了股市表现和实体企业“脱实向虚”的交互项（Fin*Stock）。从第（2）列的回归结果可以看到，交互项的估计系数为正并且十分显著，实体企业“脱实向虚”对总体利润率的改善作用在股市上涨时期更为显著，从第（5）列的回归结果可以看到，实体企业“脱实向虚”对主营业务利润率抑制作用在股市上涨时期更为明显。接下来本章选取房价增长率数据作为房地产市场环境的衡量指标，以考察房市表现如何影响实体企业“脱实向虚”与成本加成率之间的关系。参考梁云芳和高铁梅（2007），利用商品房销售价格来代理房价，并于上一年价格对比得到房价增长率序列。表5-5第（3）、（6）列纳入了房市表现和实体企业“脱实向虚”的交互项（Fin*House），可以看出，第（3）列中交互项的估计系显著为正，说明实体企业“脱实向虚”对总体利润率的改善作用在房价上涨时期更为明显，第（6）列中，交互项系数为负但显著性水平不高，这仍从一定程度说明实体企业“脱实向虚”对主营业务利润率的抑制效应在房市上涨时期表现得更为明显。总而言之，上述分析表明，在股票市场和房地产价格上涨时，实体企业“脱实向虚”对总体利润率的改善作用更为明显，对主营业务利润率的抑制作用更为明显，这也从侧面佐证了前文的理论假设，即实体企业“脱实向虚”的主要动机更可能是出于追逐短期超额收益的“投机动机”。

5.5 本章小结

从短期来看，利润是企业生存、开展生产活动的根本依靠，而利润率则是反映企业经营状况的核心指标。当前我国实体经济陷入了利润率低迷的困境，许多制造业企业纷纷转向金融领域以弥补利润率的下降（谢富胜和匡晓璐，2020）。在上述现实背景下，“脱实向虚”如何影响企业利润率是一个亟待考察的现实问题。本章将企业金融市场行为利润率联系在一起，用2007—2018年沪深A股非金融类上市公司数据，从总体利润率和主营业务利润率双重视角评估实体企业“脱实向虚”如何影响企业利润率。

本章的研究结论显示，首先，尽管实体企业“脱实向虚”在短期内能够从一定程度上改善企业的总体利润率，但对主营业务利润率存在显著的抑制作用。也就是说，企业通过金融化进行跨市场套利，以达到给财务报表“注水”的目的，但是这种跨行业套利行为同时给企业主营业务的健康持续发展带来了隐患。其次，通过分析实体企业“脱实向虚”对利润率的长期影响，本章发现，实体企业“脱实向虚”对总体利润率的改善作用是临时的、短暂的，对未来3期及以后这种改善作用不再存在。与之相比，实体企业“脱实向虚”对主营业务理论率的负向影响是持续的、长期的，企业当期进行了金融资产投资对未来的主营业务利润率仍存在持久的“挤出效应”。最后，本章还关注了宏观经济环境的作用，进一步考察了不同宏观经济环境如何影响实体企业“脱实向虚”与利润率之间的关系。研究发现，实体企业“脱实向虚”对总体利润率的改善作用在经济扩张期间将被“弱化”。另外，在金融市场和房地产价格上涨时，实体企业“脱实向虚”对总体利润率的改善作用更为明显，对主营业务利润率的抑制效应也更为明显，这也从侧面说明了实体企业“脱实向虚”的主要动机是出于追逐短期超额收益的“投机动机”。

6 实体企业“脱实向虚”对产品市场竞争力的影响研究

前文探究了实体企业“脱实向虚”的成因，并从利润率视角初步解读了实体企业“脱实向虚”中对企业产生的短期经济效应。从本章开始，将转入考察实体企业“脱实向虚”的长期经济效应。当前，我国经济已由高速增长阶段转向高质量发展阶段，高质量主要反映在实体经济上，反映在企业产品市场竞争力上。2019年3月召开的十三届全国人大二次会议指出，实体企业在经营和发展中，一定要突出主业、突出实业，要进一步明确企业的发展目标和战略定位，推动各类要素向实业集中、向主业集中，不断提升核心竞争力和盈利能力。从很大程度上来说，在经济“新常态”阶段，提高企业产品市场竞争力对实现经济高质量发展尤为重要，也是实现制造强国目标的重要抓手。

在上述现实背景下，本章将企业金融市场行为与产品市场竞争力联系在一起，着重讨论，作为经济“脱实向虚”重要微观表现形式的实体企业“脱实向虚”，究竟会对我国实体企业产品市场竞争力产生怎样的影响。厘清该问题不仅有助于增进对实体企业“脱实向虚”经济后果的理解，并且对于现阶段推进实体经济与虚拟经济协调发展、进一步提升经济发展质量具有一定的现实意义。

6.1 企业产品市场竞争力相关文献及其度量

通过上一章的文献梳理可以发现，尽管现有文献从实体投资、企业价值等角度探究了实体企业“脱实向虚”的经济效应，然而这些文献在评估实体企业“脱实向虚”的经济效应时却未曾涉及企业产品市场竞争力视角。本章认为，对于后者的深入研究是十分必要的，产品市场竞争力反映了企业将价格维持在边际成本之上的能力，是企业长期竞争力的重要标志之一。因此，讨论实体企业“脱实向虚”对产品市场竞争力的影响，能够从长期视角丰富现有微观企业层面的评估文献。

关于企业产品市场竞争力的衡量指标，产业组织理论认为成本加成率是衡量企业竞争力的关键指标，成本加成率反映了企业将价格维持在边际成本之上的能力，该指标既包含了企业的生产效率，也包含了企业的产品定价能力（De Loecker and Warzynski，2012），因此，诸多研究认为，企业成本加成率是企业产品市场竞争力的综合“指示器”（祝树金和张鹏辉，2015；许明和李逸飞，2020），是企业动态竞争能力的重要标志之一（任曙明和张静，2013；毛其淋和许家云，2016）。在国际贸易理论中，近年来文献也将企业成本加成率视作衡量出口企业国际竞争力的重要指标（De Loecker等，2016）。

与本章紧密相关的有关成本加成率的文献，大多是在开放经济条件下展开讨论。Melitz和Ottavian（2008）利用理论模型说明了高生产率企业更容易克服出口临界成本，其成本加成率也相应更高。De Loecker和Warzynski（2012）提出了成本加成率的全新测算方法，他们通过求解成本最小化厂商对可变投入要素的最优决策问题，较为准确地估计了企业层面的成本加成率。随后关于成本加成率决定因素的经验研究开始大量涌现，现有的研究视角主要集中于以下方面：贸易自由化（De Loecker等，2016；余淼杰和袁东，2016；Brandt等，2017）、出口行为（Bellone等，2014；刘啟仁和黄建忠，2015；黄先海等，2018）、中间品进口（黄先海等，2016）、对外直接投资（毛其淋和许家云，2016a）、跨国公司进入和并购（毛其淋和许家云，2016b；Stiebale和Vencappa，2018）、金融业开放（诸竹君等，2018）。还鲜有文献结合现阶段我国经济的突出特征，从普遍存在的实体企业“脱实向虚”视角出发，进而讨论企业产品市场竞争力等问题。本章立足于实体企业“脱实向虚”角度展开研究，这应当是对成本加成率相关研究的一个有益补充。

本章剩余部分安排如下：第二节介绍实体企业“脱实向虚”影响企业产品市场竞争力的理论和研究假说。第三节研究设计是基于2007—2018年沪深A股非金融类上市公司样本，通过改进De Loecker和Warzynski（2012）的测算框架，较为准确地测算了企业成本加成率，以反映企业产品市场竞争力。第四节实证分析了实体企业“脱实向虚”对产品市场竞争力的影响，并从内生性问题解决、核心变量构建、样本范围更换多个角度进行了稳健性检验。本节还将企业个体特征纳入研究框架，考察实体企业“脱实向虚”对成本加成率的差异化影响。第五节是对本章的总结。

6.2 实体企业“脱实向虚”影响产品市场竞争力的理论分析

能否保持较高的成本加成率是衡量企业国内乃至国际竞争力的重要标志。本章的研究重点在于探讨实体企业“脱实向虚”与成本加成率的关系，在正式的实证检验之前，有必要先从理论上厘清其作用机理。成本加成率反映了企业将价格维持在边际成本之上的能力（任曙明和张静，2013），一般使用产品价格和企业边际成本的比率表示。由此，实体企业“脱实向虚”对成本加成率的影响，在短期内体现为产品价格的变化或企业边际生产成本的变化。

实体企业“脱实向虚”对成本加成率的影响与实体企业“脱实向虚”的动机紧密相关。关于实体企业“脱实向虚”的动机，一类文献认为企业投资金融资产主要是出于“蓄水池动机”，即基于预防性储备考虑（胡奕明等，2017），另一类文献则认为企业配置金融资产是出于“投机动机”，即为了追逐金融市场上的短期超额收益而进行的跨行业套利行为（王红建等，2016；彭俞超等，2018a）。基于已有文献，并结合企业配置金融资产的动机，本章认为实体企业“脱实向虚”可以通过“效率挤出效应”与“成本降低效应”两种不同的作用机理对成本加成率产生影响。

6.2.1 实体企业“脱实向虚”的“效率挤出效应”

金融资产投资作为企业配置经济资源的一种形式，势必会影响到企业的生产经营活动，并且其影响效应与实体企业“脱实向虚”的动机关系密切。如果企业配置金融资产是出于跨行业套利的“投机动机”，那么，实体企业“脱实向虚”至少可以通过以下两种渠道“挤出”研发创新投入和企业生产效率。其一，从短期来看，金融和房地产市场的投资回报率可能要高于实体回报率。为了追逐金融市场上的短期超额收益，企业管理层的投资视野将会缩短，更加倾向于采用金融资产投资行为进行投机套利（杜勇等，2017），过度的金融资产投资会挤占企业对主营业务的资源投入，导致企业研发创新投入不足和生产效率下降。其二，从长期来看，实体企业“脱实向虚”可能会引起企业投资偏好和经营模式发生改变。随着金融资产投资回报在企业利润中占比的提高，在跨行业套利动机的驱使下，企业管理层在进行投资决策时，会愈发依赖金融资产投资，使得企业逐渐丧失研发创新的意识和动力（戚聿东和张任之，2018）。长此以往，企业的大量资金将停留在虚拟经济中“空转”，其经营模式将不再围绕着主业展开，最终也会造成主营业务生产效率的下降。

“效率挤出效应”同时影响着企业的内部边际生产成本和外部产品定价策略，进而对成本加成率施加作用。一方面，在既定产量约束下，“效率挤出效应”增加了企业的投入成本，变相提高了企业的边际生产成本，从而抑制成本加成率的提升（Melitz和Ottaviano，2008）。另一方面，企业进行研发创新和效率改善的重要动力，源自于在产权保护期间企业可以凭借产品的差异化竞争优势在需求市场上索要更高的产品价格。“效率挤出效应”不仅制约了企业产品质量的提升（巫强、刘志彪，2007），而且不利于实现产品多样性的扩张（Cirera等，2015），这两者都会减弱企业的定价能力，从而降低企业的成本加成率。基于上述分析可知，实体企业“脱实向虚”的“效率挤出效应”会通过提高边际生产成本和降低企业定价能力两个渠道同时对成本加成率产生抑制作用。

6.2.2 实体企业“脱实向虚”的“成本降低效应”

实体企业配置金融资产除了以跨行业套利为目的外，还存在以预防性储蓄为目的的“蓄水池动机”：企业在资金富余时买入金融资产，为将来的流动性进行储备；在资金紧张时卖出金融资产，以舒缓资金压力，维系企业正常经营（胡奕明等，2017）。如果企业投资金融资产主要是出于“蓄水池动机”，那么，实体企业“脱实向虚”可以通过以下两种渠道降低企业的生产成本，进而提升成本加成率。其一，与固定资产相比，金融资产的流动性相对更强，当企业资金压力趋紧时，可以通过出售金融资产获得流动性，进而缓解融资约束（彭俞超和黄志刚，2018）。其二，与现金资产相比，投资金融资产能够获得一定的投资收益，可以为企业经营活动储备更多内部资金，有助于降低外部融资需求和生产成本。其三，非金融企业的“脱实向虚”行为，特别是与金融机构建立的股权关系有助于降低融资信息不对称问题，这种“股权关系网络”可以将外部融资“内部化”，进而降低企业融资成本（Khanna和Yafeh，2007）。

总体而言，上述理论分析表明实体企业“脱实向虚”对成本加成率的影响效应具有不确定性。一方面，实体企业“脱实向虚”可能“挤出”研发创新投入和生产效率，使得企业边际生产成本有所增加，定价能力有所减弱，进而抑制企业成本加成率的提升，即“效率挤出效应”。另一方面，实体企业“脱实向虚”也可能通过“蓄水池效应”缓解企业融资约束、降低企业融资成本，使得企业边际生产成本有所降低，进而促进企业成本加成率的提升，即“成本降低效应”。也就是说，实体企业“脱实向虚”对成本加成率的作用方向关键取决于“效率挤出效应”

和“成本降低效应”的相对主导地位，如果“效率挤出效应”大于“成本降低效应”，则实体企业“脱实向虚”不利于成本加成率的提升，将导致实体企业缺乏主营业务竞争力。反之，“脱实向虚”会促进企业成本加成率的提升，有助于增强实体企业的主营业务竞争力。

根据上述分析，本章提出以下假设：

假设6-1：实体企业“脱实向虚”对成本加成率具有不确定性，主要取决于“效率挤出效应”和“成本降低效应”的相对主导地位，这有待于进一步的实证检验。

6.3 研究设计

6.3.1 计量模型的构建

为了考察实体企业“脱实向虚”对成本加成率的影响，本章参考刘啟仁和黄建忠（2015），构建了如下的计量模型：

$$\ln Markup_{ijt} = \beta_0 + \beta_1 Fin_{ijt} + X'\theta + \mu_i + \nu_t + \varepsilon_{ijt} \tag{6.1}$$

其中，i、j和t分别表示企业、行业和年份。被解释变量ln Markup表示企业成本加成率的对数。关于成本加成率的测算，本章主要借鉴了De Loecker和Warzynski（2012）的测算框架，但本章根据研究需要对其进行一定的改进，本章不再假设生产率运动方程是外生的马尔科夫过程，而是将实体企业“脱实向虚”和出口行为纳入生产率动态方程中，从而构建了符合本章研究特色的测算框架。Fin是本章关注的核心解释变量，表示实体企业“脱实向虚”程度。

X为影响成本加成率的控制变量集合，根据已有文献（Fan等，2018；赵瑞丽等，2018；许明和李逸飞，2020），本章纳入了以下可能影响企业成本加成率的影响因素：企业全要素生产率的对数（ln TFP）、资本集中度（KL）、人均工资（Wage）、企业年龄（Age）、出口行为（Export）、企业所有制性质（SOE）以及行业赫芬达尔-赫希曼指数（HHI）。与前文的设定一致，为了缓解个体异质性的影响，模型还分别控制了个体固定效应μ_i。为了控制宏观变量诸如经济周期冲击、技术变革等因素的影响，模型还进一步控制了时间固定效应ν_t。

6.3.2 变量测算

6.3.2.1 企业成本加成率（Markup）

在实际数据中，本章无法观测到企业的价格信息和边际成本，因而也就难以通过产品价格和边际成本的比率来直接测算成本加成率（Edmond等，2015；De Loecker和Eeckhout，2017）。为了较为准确地估计出企业层面的成本加成率，本章借鉴De Loecker和Warzynski（2012）的测算方法，并在其基础上将实体企业"脱实向虚"和出口行为纳入生产率动态方程中，试图构建符合本章研究特色的测算框架。

假设t时期企业i按照下列生产函数进行生产：

$$Q_{it} = F(L_{it},K_{it},M_{it},\omega_{it}) \tag{6.2}$$

产出Q_{it}依赖于劳动投入L_{it}、资本存量K_{it}、中间投入要素M_{it}和全要素生产率ω_{it}，

其中，劳动投入L_{it}和中间投入要素M_{it}是可变投入要素，资本存量K_{it}为状态变量。本章对生产函数施加的约束为：Q_{it}连续且关于投入要素是二阶可导的。

企业i在既定产量下的成本最小化（利润最大化的对偶）决策为：

$$\min_{L_{it},M_{it}} \omega_{it}L_{it} + r_{it}K_{it} + p_{it}^{m}M_{it} \tag{6.3}$$

$$\text{s.t. } F(L_{it},K_{it},M_{it},\omega_{it}) \geqslant \overline{Q}_{it} \tag{6.4}$$

最优化问题的拉格朗日函数为：

$$\Gamma(L_{it},K_{it},M_{it},\omega_{it}) = \omega_{it}L_{it} + r_{it}K_{it} + p_{it}^{m}M_{it} + \lambda_{it}(Q_{it} - \overline{Q}_{it}) \tag{6.5}$$

关于中间投入M_{it}的一阶导数为：

$$\frac{\partial\Gamma}{\partial M_{it}} = p_{it}^{m} - \lambda_{it}\frac{\partial F_{it}}{\partial M_{it}} = 0 \tag{6.6}$$

式（6.5）两端同时乘以$\frac{M_{it}}{Q_{it}}$：

$$\frac{\partial F_{it}}{\partial M_{it}}\frac{M_{it}}{Q_{it}} = \frac{1}{\lambda_{it}}\frac{p_{it}^{m}M_{it}}{Q_{it}} = \frac{P_{it}}{\lambda_{it}}\frac{p_{it}^{m}M_{it}}{P_{it}Q_{it}} \tag{6.7}$$

其中，$\theta_{it}^{m} = \frac{\partial F_{it}}{\partial M_{it}}\frac{M_{it}}{Q_{it}}$为中间投入产出弹性，$\alpha_{it}^{m} = \frac{p_{it}^{m}M_{it}}{P_{it}Q_{it}}$为中间投入占总

投入的比重，从而成本加成率可以表示为：

$$Markup_{it} = \frac{P_{it}}{\lambda_{it}} = \frac{\theta_{it}^{m}}{\alpha_{it}^{m}} \tag{6.8}$$

值得说明的是，考虑到在我国企业劳动力调整成本较高，劳动投入难以实现自由调整（Lu和Yu，2015；黄先海等，2016）①，本章采用中间投入品作为可变投入要素来测算企业成本加成率。式（6.8）中，中间投入品支出份额α_{it}^{m}可以通过统计数据计算得到，因此，本章对企业成本加成率的测算就转化为对中间投入品产出弹性θ_{it}^{m}的估计。本章按照行业的不同分别估计生产函数②，假设生产函数满足Cobb-Douglas性质③，经自然对数变换后得到：

$$y_{it} = \beta_l l_{it} + \beta_k k_{it} + \beta_m m_{it} + \omega_{it} + \varepsilon_{it} \tag{6.9}$$

其中，y为观测到的总产出，l、k和m分别表示劳动、资本和中间投入品，ω表示企业层面的生产率，ε表示产出的测量误差或不可预测冲击。由于生产率ω不可观测，且与投入要素之间存在较强的相关性，如果直接对模型（6.9）进行估计，将产生内生性问题和有偏性估计结果。本章采用Levinsohn和Petrin（2003）控制函数的方法来解决生产率不可观测问题可能带来的估计偏误，具体而言，假设中间投入品需求函数可表示为：

$$m_{it} = m_t(k_{it}, \omega_{it}, z_{it}) \tag{6.10}$$

其中，中间投入品需求除了取决于状态变量资本k和生产率ω，还可能受到其他相关变量z的影响，具体到本章的情形，本章认为实体企业“脱实向虚”和出口行为都可能影响企业的中间投入品需求，因此，z中包括了实体企业“脱实向虚”Fin和出口行为Export。进一步地，本章利用中间投入品需求与生产率之间的正向单调关系，通过求逆运算可以得到企业生产率ω的表达式：$\omega_{it} = m_t^{-1}(m_{it}, k_{it}, z_{it}) = h_t(m_{it}, k_{it}, z_{it})$。

---

① 一个典型的例证为国有企业中的人员流动阻滞现象。

② 行业变量的划分依据是2001年版证监会行业分类代码，其中，制造业按照二级代码进行分类，其他行业按照一级代码进行分类。

③ 本书没有采用形式更为复杂的超越对数生产函数，主要是出于以下几点考虑：(1)由于本书的研究样本为上市公司，样本中单一行业所包含的企业数量远小于工业企业数据库，若采用超越对数生产函数来估计产出弹性，部分行业可能出现参数估计不收敛现象。(2) De Loecker和Warzynski（2012）、De Loecker（2013）以及Brandt等（2017）等文献同样采用了Cobb-Douglas生产函数来开展研究，且De Loecker和Warzynski（2012）的研究发现，不同形式的生产函数得到的估计结果差异不大。

为了避免LP方法中可能存在的多重共线性问题，本章接下来采用Ackerberg等（2006，2015）提出的ACF两步法来估计生产函数：

$$y_{it} = \beta_l l_{it} + \beta_k k_{it} + \beta_m m_{it} + h_t(m_{it}, k_{it}, z_{it}) + \varepsilon_{it} = \phi_t(l_{it}, m_{it}, k_{it}, z_{it}) + \varepsilon_{it} \tag{6.11}$$

第一阶段，估计$y_{it} = \phi_t(l_{it},\ m_{it},\ k_{it},\ z_{it}) + \varepsilon_{it}$，即采用l、m、k和z的高阶多项式项逼近$\phi_t$，进而估计出$\hat{\phi}$和$\hat{\varepsilon}$。第二阶段，估计生产函数中的所有参数。首先假设生产率ω_{it}的运动方程为：$\omega_{it} = g(\omega_{it-1},\ z_{it-1}) + \xi_{it}$，即当期的企业生产率不仅受前一期生产率的影响，还与前一期实体企业“脱实向虚”和出口行为相关。给定任意的β_l、β_k和β_m，$\omega_{it}(\beta) = \hat{\phi} - \beta_l l_{it} - \beta_k k_{it} - \beta_m m_{it}$，对生产率运动方程同样采用高阶项逼近的方法，可以得到$\xi_{it}(\beta)$。最终，基于以下的矩条件，利用GMM方法可以估计出生产函数中的所有的未知参数：

$$E\left(\xi_{it}(\beta)\begin{pmatrix} l_{it-1} \\ k_{it} \\ m_{it-1} \end{pmatrix}\right) = 0 \tag{6.12}$$

进行参数估计后，可以进一步测算出企业成本加成率$Markup_{it} = \hat{\beta}_m(\hat{\alpha}^m_{it})^{-1}$，其中$\hat{\alpha}^m_{it}$为调整后的支出份额：$\hat{\alpha}^m_{it} = \left[p^m_{it}M_{it}\right]/\left[P_{it}Y_{it}/\exp(\hat{\varepsilon}_{it})\right]$。同时，以上过程还可以得到企业生产率$\hat{\omega}_{it} = \hat{\phi} - \hat{\beta}_l l_{it} - \hat{\beta}_k k_{it} - \hat{\beta}_m m_{it}$。出于稳健性的考虑，本章也依据De Loecker和Warzynski（2012）的原始方法对成本加成率进行了测算，即考虑生产率运动方程为外生马尔科夫过程的情形，此时测得的成本加成率记为Markup2。

6.3.2.2 实体企业“脱实向虚”（Fin）

根据宋军和陆旸（2015）、彭俞超等（2018b）的研究，本章认为实体企业“脱实向虚”体现为企业将越来越多经济资源配置于金融市场的行为和趋势，可以用企业金融资产投资额占总资产的比重来衡量，企业投资的金融资产主要包括资产负债表中的以下科目：交易性金融资产、买入返售金融资产、可供出售金融资产、投资到期投资、发放贷款及垫款净额，其中前四项可归为交易类金融资产。值得一提的是，随着我国房地产市场的快速发展，住房逐渐偏离其居住属性，投资属性和金融属性日益凸显，因此，在稳健性检验部分本章将房地产投资视为一类特殊的金融资产。

6.3.2.3 控制变量（X）

控制变量的测算方法分别为：（1）企业全要素生产率（ln TFP）利用DLW测算框架中的ACF两步法度量；（2）资本集中度（KL）用企业固定资产净额与员工人数比值的对数度量；（3）人均工资（Wage）用应付职工薪酬与员工人数比值的对数度量；（4）企业年龄（Age）用公司成立年限的对数度量；（5）出口行为（Export）根据企业营业收入来源地信息手工整理，如果企业收入来源地为外国，则企业为出口企业，赋值为1，否则企业为非出口企业，赋值为0；（6）企业所有制性质（SOE），根据企业实际控制人性质赋值，最终控制人为国有企业，赋值为1，非国有企业则赋值为0；（7）行业赫芬达尔-赫希曼指数（HHI），$HHI_j = \sum_{i=1}^{n}\left(X_{ij}\Big/\sum_{i=1}^{n}X_{ij}\right)^2$，其中，$X_{ij}$为j行业企业i的营业收入。

6.3.3 数据来源与描述性统计

本章使用的数据主要来自于国泰安（CSMAR）数据库和中经网统计数据库，由于2006年后企业施行了新的会计准则，为了确保实体企业“脱实向虚”变量的统计口径前后一致，本章选取2007—2018年沪深两市A股上市公司作为研究样本。本章对原始数据进行了如下处理：（1）剔除金融行业、房地产行业的公司；（2）剔除ST、PT公司；（3）剔除交叉上市的公司；（4）剔除当年新上市的公司；（5）剔除关键变量缺失或数据存在明显异常（例如职工薪酬为负）的公司。为了避免极端值对研究结论产生重大影响，本章对企业层面的连续变量进行了1%和99%水平的Winsorize处理。经过上述处理后，本章最终得到18 444个有效样本。

需要特别强调的是，本章的实证研究是基于上市公司数据开展的，而不是工业企业数据，主要原因如下：（1）上市公司数据包含了更丰富的财务信息，特别是提供了工业企业数据所缺乏的企业金融资产投资信息，从而为本章考察实体企业“脱实向虚”与成本加成率的关系提供了可能。（2）尽管工业企业数据具有样本量大的优点，但工业企业数据同样存在着样本错配、重要财务指标缺失、变量测量误差等缺陷（聂辉华等，2012）。相比而言，上市公司数据不但包括了制造业类上市公司，还涵盖了服务业类上市公司，它们的指标往往经过多轮审计、披露，因此数据更加全面和可靠。（3）与工业行业相比，上市公司数据同样具有较强的行业代表性。

主要变量的定义和描述性统计如表6-1所示。从表6-1可以看出，成本加成率Markup的均值为1.1773，大于1，说明平均而言，沪深两市A股上市公司存在一定的产品市场竞争力和市场竞争力。实体企业“脱实向虚”Fin的均值为0.0189（考虑投资性房地产后，Fin进一步扩大至0.0309），与彭俞超等（2018b）的统计结果差异不大，说明样本中上市公司平均投资的金融资产占其总资产的1.89%。另外，不同企业的“脱实向虚”程度差异较大，有的企业没有配置任何金融资产，有的企业把70%以上的资产配置在金融市场上。

表6-1　**主要变量的定义与描述性统计**

变量名称	符号	均值	标准差	最小值	最大值
产出	Y	21.5509	1.4653	12.2625	28.6023
劳动	L	7.8841	1.2471	2.6391	13.2228
资本	K	20.3306	1.6062	8.2526	27.1584
中间品投入	M	21.3128	1.4934	16.5519	28.4699
成本加成率	Markup	1.1773	0.1619	0.9046	2.2927
“脱实向虚”	Fin	0.0189	0.0496	0	0.7251
生产率	TFP	2.1719	0.2128	1.7838	3.6022
资本集中度	KL	12.4465	1.1187	6.6136	19.5308
企业年龄	Age	2.7109	0.4024	0.6931	3.9318
人均工资	Wage	9.1899	1.1998	0.4371	16.3959
出口行为	Export	0.5308	0.4991	0	1
所有制性质	SOE	0.4801	0.5203	0	1
行业赫芬达尔-赫希曼指数	HHI	0.0646	0.0657	0.0181	0.7231

注：相关指标由国泰安数据库（CSMAR）中的原始数据计算得到。

表6-2进一步将样本划分为“脱实向虚”企业和非“脱实向虚”企业两个组别，可以看出，总体而言，大约72.68%（13 590/18 444）的上市公司配置了金融资产，仅有27.32%的上市公司没有配置金融资产，说明实体企业“脱实向虚”行为广泛存在于中国上市公司中，通过比较两组样本的成本加成率差异发现，“脱实向虚”企业的成本加成率均值为1.1561，显著低于非“脱实向虚”企业的成本加成率均值1.1878，通过分析Markup2也可以得到同样结论，“脱实向虚”企业的成本加成率均值为1.1513，显著低于非“脱实向虚”企业的成本加成率均值1.1736，初步表明实体企业“脱实向虚”不利于成本加成率的提升。更为严谨的实证检验将在下文中展开。

表6-2 “脱实向虚”企业和非“脱实向虚”企业的成本加成率差异

	“脱实向虚”企业	非“脱实向虚”企业	差距
企业数量	13 590	4 854	
Markup	1.1561	1.1878	−0.0317***
Markup2	1.1513	1.1736	−0.0223***

注：***、**和*分别表示在1%、5%和10%的水平上显著。

6.4 实证结果分析

6.4.1 实体企业“脱实向虚”与产品市场竞争力

表6-3给出了实体企业“脱实向虚”影响产品市场竞争力的基本回归结果。第（1）列仅纳入了核心解释变量实体企业“脱实向虚”，第（2）列在第（1）列基础上控制了企业特征变量和行业层面的赫芬达尔-赫希曼指数，回归结果显示，实体企业“脱实向虚”的估计系数为负且通过了1%水平的显著性检验，说明实体企业“脱实向虚”显著抑制了成本加成率的提升，造成产品市场竞争力下降。第（3）列进一步控制了时间固定效应和个体固定效应，实体企业“脱实向虚”的估计系数仍然显著为负，再次表明“脱实向虚”会带来企业产品市场

竞争力的下降。

表6-3　实体企业“脱实向虚”影响成本加成率的基准回归结果

	(1)	(2)	(3)	(4)	(5)	(6)
	lnMarkup			lnMarkup2		
Fin	-0.0216*** (0.0081)	-0.0454*** (0.0129)	-0.0370*** (0.0106)	-0.0448*** (0.0125)	-0.0297*** (0.0112)	-0.0191** (0.0089)
lnTFP		1.0774*** (0.0097)	1.1171*** (0.0107)		0.9058*** (0.0119)	1.0154*** (0.0139)
KL		0.0341*** (0.0006)	0.0327*** (0.0007)		0.0264*** (0.0005)	0.0277*** (0.0006)
Wage		-0.0141*** (0.0005)	-0.0126*** (0.0005)		-0.0111*** (0.0005)	-0.0104*** (0.0004)
Age		-0.0189*** (0.0014)	-0.0073*** (0.0013)		-0.0134*** (0.0013)	-0.0054*** (0.0012)
Export		-0.0037*** (0.0011)	-0.0026** (0.0012)		-0.0042*** (0.0010)	-0.0021* (0.0011)
SOE		-0.0123*** (0.0030)	-0.0147*** (0.0025)		-0.0118*** (0.0030)	-0.0146*** (0.0025)
HHI		0.0203* (0.0106)	0.1777*** (0.0392)		0.0208** (0.0099)	0.1200*** (0.0388)
Constant	0.1592*** (0.0009)	-0.9171*** (0.0112)	-0.9351*** (0.0140)	0.1487*** (0.0009)	-0.7051*** (0.0122)	-0.7839*** (0.0160)
时间效应	否	否	是	否	否	是
个体效应	否	否	是	否	否	是
N	18 444	18 444	18 444	18 444	18 444	18 444
R^2	0.0077	0.2364	0.7129	0.0007	0.1842	0.5319

注：括号中是经过异方差调整的稳健型标准误；*、**、***分别表示在10%、5%、1%的水平上显著。

从第（3）列数值上看，企业的金融资产持有份额每增加10%，成本加成率大约下降0.37%。为了排除单一成本加成率测算方法可能产生的测量偏误，第（4）-（6）列基于De Loecker和Warzynski（2012）的原始方法来测算企业成本加成率Markup2，从回归结果可以看到，核心解释变量实体企业“脱实向虚”的估计系数均在1%水平上显著为负，且估计系数的绝对值大小相较于前3列的回归结果差异不大，具体来看，企业每增持10%的金融资产，成本加成率会下降0.19%~0.45%。

上述结论的重要启示在于，“脱实向虚”作为企业配置经济资源的一种重要形式，一方面可能挤占主营业务投入和生产效率，即所谓的“效率挤出效应”，最终造成企业在产品市场竞争力的下降；另一方面，企业将富余资金投向金融市场可能为企业经营活动储备更多内部资金，有助于降低外部融资需求和生产成本，并且与金融机构建立的股权关系有助于降低企业的外部融资成本，即所谓的“成本降低效应”，最终提高企业产品市场竞争力。从本章的检验结果来看，总体而言，企业涉足金融市场并不会增加其主营业务竞争力，这种跨行业的金融投资行为反而会降低其产品市场竞争力。结合当前的现实背景，本章的研究结论表明，普遍存在于中国实体企业中的“脱实向虚”现象难以有效保障制造业强国目标的实现，对经济高质量发展也存在一定的不利影响。

控制变量的估计系数基本与现有文献保持一致。全要素生产率的估计系数显著为正，证实了企业生产率对成本加成率的促进作用，这也支持了Melitz和Ottvaiano（2008）的理论研究，说明企业生产效率越高，其产品市场竞争力越强。资本集中度与企业成本加成率显著正相关，说明企业资本密集程度越高，其产品市场竞争力相应越强。人均工资和企业年龄的估计系数基本为负，这与直观理解相符，因为二者更多地体现为一种成本效应，会增加企业的边际生产成本进而降低成本加成率。出口行为的估计系数均显著为负，意味着相对于非出口企业，出口企业的成本加成率更低，这进一步印证了以往研究所发现的中国出口企业“低加成率陷阱”现象（盛丹和王永进，2012；许明和李逸飞，2018；诸竹君和黄先海，2020）。企业所有制性质的估计系数为负，且均通过了1%水平的显著性检验，说明国有企业一般具有较低水平的成本加成率，国有企业由于多目标经营以及较多地肩负与主业不相关的社会责任，因而更难获得较高的成本加成率。行业赫芬达尔-赫希曼指数与成本加成率显著正相关，表明企业所在行业的竞争压力越小，企业的市场竞争力越强。

6.4.2 内生性处理与稳健性检验

6.4.2.1 内生性的探讨

对于上述研究结论，本章的主要担忧在于双向因果关系的影响，一个可能的机制在于，为了追逐短期收益，低成本加成率的企业更有可能通过实体企业“脱实向虚”进行投机行为，这种反向因果导致本章结论存在疑问。为了缓解潜在的内生性问题，本章需要为实体企业“脱实向虚”寻找到适当的工具变量。与彭俞超（2018b）采用的策略类似，本章选取同年份同行业其他企业的“脱实向虚”水平的均值，及其滞后一期值作为工具变量，这样做的逻辑在于：（1）由于“传染效应”“同伴效应”的存在，行业内其他企业的“脱实向虚”程度会显著影响特定企业的金融资产投资行为，因此实体企业“脱实向虚”与行业内其他企业的“脱实向虚”程度存在一定的相关性。（2）其他企业的金融资产投资行为往往难以直接影响到特定企业的成本加成率。当然，工具变量的有效性仍然有待于相关统计检验的进一步确认。

在表6-4第（1）、（4）列中，本章采用两阶段最小二乘法（2SLS）对计量模型（6.1）进行了重新估计。可以看到，实体企业“脱实向虚”的估计系数均显著为负，说明实体企业“脱实向虚”依然会显著降低成本加成率，不利于企业市场竞争力的提升。从数值上看，在控制了内生性问题后，估计系数的绝对值大小相较于基准回归结果有显著增加。具体而言，企业的金融资产持有份额每增加10%，成本加成率大约下降6.85%~8.65%。因此，上述的研究结论仍然是成立的。

表6-4　　内生性处理与稳健性检验

	(1)	(2)	(3)	(4)	(5)	(6)
	2SLS	“脱实向虚”不同度量方式	样本再构造	2SLS	“脱实向虚”不同度量方式	样本再构造
	lnMarkup			lnMarkup2		
Fin	-0.8658*** (0.0970)	-0.0156* (0.0084)	-0.0438*** (0.0107)	-0.5851*** (0.0749)	-0.0139*** (0.0059)	-0.0197** (0.0098)
lnTFP	1.1878*** (0.0114)	1.1151*** (0.0106)	1.1235*** (0.0112)	1.0322*** (0.0110)	1.0153*** (0.0139)	1.0282*** (0.0143)
KL	0.0321*** (0.0006)	0.0327*** (0.0007)	0.0331*** (0.0007)	0.0265*** (0.0006)	0.0278*** (0.0007)	0.0286*** (0.0007)
Wage	-0.0108*** (0.0005)	-0.0127*** (0.0005)	-0.0122*** (0.0005)	-0.0092*** (0.0005)	-0.0104*** (0.0004)	-0.0099*** (0.0004)
Age	0.0004 (0.0018)	-0.0073*** (0.0013)	-0.0075*** (0.0013)	0.0003 (0.0016)	-0.0054*** (0.0012)	-0.0060*** (0.0012)
Export	-0.0006 (0.0013)	-0.0027** (0.0012)	-0.0025** (0.0012)	-0.0026** (0.0012)	-0.0021* (0.0011)	-0.0020* (0.0011)
SOE	-0.0152*** (0.0029)	-0.0147*** (0.0025)	-0.0166*** (0.0026)	-0.0149*** (0.0028)	-0.0147*** (0.0025)	-0.0158*** (0.0027)
HHI	0.1659*** (0.0320)	0.1788*** (0.0392)	0.1637*** (0.0395)	0.1129*** (0.0310)	0.1202*** (0.0388)	0.1251*** (0.0394)
Constant	-1.0036*** (0.0148)	-0.9331*** (0.0139)	-0.9446*** (0.0142)	-0.8001*** (0.0137)	-0.7838*** (0.0160)	-0.8000*** (0.0162)
时间效应	是	是	是	是	是	是
个体效应	是	是	是	是	是	是
Anderson统计量	72.53***					
Cragg-Donald统计量	46.76 (19.93)					
Sargan统计量	(0.28) (0.59)					
N	18 444	18 444	18 444	18 444	18 444	18 444
R^2	0.6068	0.7128	0.7087	0.4169	0.5319	0.5291

注：括号中是经过异方差调整的稳健型标准误；*、**、***分别表示在10%、5%、1%的水平上显著。

表6-4也给出了工具变量有效性的检验结果，Anderson统计量显著，说明不存在识别不足问题，即两个工具变量与实体企业“脱实向虚”是相关的。Cragg-Donald统计量大于Stock-Yogo检验10%水平的临界值，表明模型不存在弱工具变量问题；Sargan统计量对应的p值大于0.1，不能拒绝工具变量与扰动项不相关的原假设，以上检验显示工具变量的选取是较为合理的。

6.4.2.2 实体企业“脱实向虚”的不同度量

在基准回归中，我们把金融资产界定为交易类金融资产、发放贷款及垫款净额两大类。这里，我们参考宋军和陆旸（2015）、张成思和张步昙（2016）等研究，将投资性房地产视为一种特殊的金融资产，并将其纳入企业金融资产的度量之中，在此基础上重新估计了基准模型，回归结果见表6-4第（2）、（5）列。可以发现，不管是哪种成本加成率测算方法，实体企业“脱实向虚”与成本加成率依然显著负相关，实体企业“脱实向虚”不利于成本加成率提升的结论仍然成立，因此，实体企业“脱实向虚”测量方式的改变并不会对本章的研究结论产生显著影响。

6.4.2.3 样本再构造

本章的研究对象是实体经济企业，前文的样本中也包含了社会服务业、传播与文化产业两个行业，然而，这两个行业均属于服务业范畴，其市场竞争力的来源可能与其他物质生产行业存在一定差异，实体企业“脱实向虚”的作用机理也可能不尽相同，为了排除该因素对研究结论的影响，本章进一步剔除了社会服务业、传播与文化产业两个行业的样本，再对模型进行估计。表6-4第（3）、（6）列的回归结果显示，实体企业“脱实向虚”的估计系数均为负且至少通过了5%水平的显著性检验，说明金融资产投资份额的上升会降低成本加成率，不利于产品市场竞争力提升的研究结论是稳健可靠的。

6.4.3 “脱实向虚”对企业产品市场竞争力的异质性效应

到目前为止，本章得到了具有较强稳健性的研究结论：“脱实向虚”会带来企业成本加成率的下降，进而不利于企业产品市场竞争力的提升。这是总体层面的研究结论，事实上，对于不同特征的企业以及在不同的发展阶段下，实体企业“脱实向虚”和成本加成率的关系是不同的。本节以中国企业面临的特殊制度背景（所有制性质和政府补贴政策），以及企业不同发展阶段为切入点，研究了“脱实向虚”对不同特征企业的差异化影响。这有助于从侧面去识别企业配置金融资产的主要动机。

1）所有制性质

不同所有制性质的企业在政策优惠、资源获取能力等方面存在很大差异，实体企业“脱实向虚”对不同所有制企业的创新活动和产品市场竞争力的影响可能有所不同。国有企业拥有较强的政治关联，更容易得到银行的政策优惠和信贷倾斜，即使国有企业存在较为严重的“脱实向虚”趋势，当面临良好的研发创新时机，其仍然可以在信贷市场上获得较多的信贷支持，因此，金融资产投资对创新活动的“挤出”效应相对有限。相比之下，非国有企业拥有的政治资本较为稀缺，更容易受到信贷约束的制约，在其他条件相同的前提下，实体企业“脱实向虚”对创新活动的“挤出”作用显然更大。考虑到实体企业“脱实向虚”对成本加成率的作用机理主要体现为“效率挤出效应”，那么从理论上讲，实体企业“脱实向虚”对非国有企业成本加成率的抑制作用要强于国有企业。

为了考察实体企业“脱实向虚”和成本加成率的关系是否存在显著的所有制差异，本章在模型（6.1）的基础上纳入所有制性质和实体企业“脱实向虚”的交互项（Fin*SOE），表6-6第（1）、（3）列的回归结果显示，交互项的估计系数至少在5%水平上显著为正，这一结果验证了前文的预期，即金融资产投资对成本加成率的抑制效应在非国有企业中的确更为显著，也就是说，实体企业“脱实向虚”对非国有企业的市场竞争力提升尤为不利。该结论的政策启示在于：对于在经济资源上处于天然劣势的民营企业而言，实体企业“脱实向虚”对其主营业务竞争力的提升存在着更大的隐患。然而，众所周知，民营企业是引领创新发展和保持经济活力的重要源泉，“脱实向虚”对民营企业市场竞争力的这种尤为不利影响值得决策部门的重点关注。

2）政府补贴

政府的补贴政策会影响企业的内部资金和经营条件，不同补贴强度的企业对金融资产投资行为的敏感性有所差异。任曙明和吕镯（2014）强调了政府补贴在抵消融资约束、维持投资规模平稳增长方面所发挥的积极作用：当企业捕捉到好的成长时机时，由于金融资产投资的挤占作用，企业可能会得不到及时、充分的资金支持，进而不得不放弃最佳的研发创新决策，然而企业得到的政府补贴能够弥补这部分资金需求，为企业创新投入提供临时性“输血”。因此，政府补贴在一定程度上可以冲抵金融资产投资对创新活动的“效率挤出效应”，有助于平滑实体企业“脱实向虚”对成本加成率的抑制作用。

表6-5第（2）、（4）列加入了政府补贴强度和实体企业“脱实向虚”的交互项（Fin*Subsidy），以考察实体企业“脱实向虚”对成本加成率的影响程度是否与政府干预政策相关，其中，政府补贴强度用企业补贴收入与营业收入的比率表示。从回归结果可以看到，尽管政府补贴本身没有带来企业竞争力的提高，但交互项的估计系数显著为正，说明政府补贴在一定程度上缓解了实体企业“脱实向虚”对成本加成率的抑制效应。上述结论的启示在于：对于在政府补贴力度上处于天然劣势的民营企业、中小企业而言，实体企业“脱实向虚”对其产品市场竞争力的提升存在着尤为不利的影响。

表6-5　**实体企业“脱实向虚”与成本加成率：企业个体特征的调节作用**

	(1)	(2)	(3)	(4)
	lnMarkup	lnMarkup	lnMarkup2	lnMarkup2
Fin	−0.0335***	−0.0451**	−0.0149**	−0.0163*
	(0.0108)	(0.0206)	(0.0069)	(0.0089)
Fin*SOE	0.1240**		0.1660***	
	(0.0520)		(0.0558)	
Fin*Subsidy		0.0091***		0.0080***
		(0.0018)		(0.0017)

续表

	(1)	(2)	(3)	(4)
	lnMarkup	lnMarkup	lnMarkup2	lnMarkup2
Subsidy		-0.0094 (0.0259)		0.0040 (0.0250)
lnTFP	1.1169*** (0.0107)	1.1153*** (0.0107)	1.0152*** (0.0139)	1.0143*** (0.0139)
KL	0.0327*** (0.0007)	0.0328*** (0.0007)	0.0277*** (0.0006)	0.0277*** (0.0006)
Wage	-0.0126*** (0.0005)	-0.0126*** (0.0005)	-0.0104*** (0.0004)	-0.0104*** (0.0004)
Age	-0.0073*** (0.0013)	-0.0076*** (0.0013)	-0.0054*** (0.0012)	-0.0056*** (0.0012)
Export	-0.0026** (0.0012)	-0.0025** (0.0012)	-0.0021* (0.0011)	-0.0020* (0.0011)
SOE	-0.0176*** (0.0028)	-0.0147*** (0.0025)	-0.0183*** (0.0028)	-0.0146*** (0.0025)
HHI	0.1782*** (0.0392)	0.1768*** (0.0391)	0.1205*** (0.0387)	0.1187*** (0.0389)
Constant	-0.9350*** (0.0140)	-0.9246*** (0.0142)	-0.7840*** (0.0160)	-0.7754*** (0.0161)
时间固定效应	Yes	Yes	Yes	Yes
个体固定效应	Yes	Yes	Yes	Yes
N	18 444	18 444	18 444	18 444
R^2	0.7130	0.7134	0.5322	0.5327

注：括号中是经过异方差调整的稳健型标准误；*、**、***分别表示在10%、5%、1%的水平上显著。

3）企业不同发展阶段

在企业的不同发展阶段，企业对金融资产投资的偏好不同，从而实体“脱实向虚”程度存在一定的差异。此外，在企业的不同发展阶段，企业的内部资金和经营条件差异明显，“脱实向虚”对企业成本加成率的影响可能存在较大程度差异。本章根据Dickinson（2011）以及黄宏斌等（2016）的生命周期划分方法，将企业的发展阶段划分为成长期、成熟期、衰退期三个阶段。首先，对于发展期的企业而言，其资产规模小，内部资金十分有限，企业为了在产品市场上得到有效发展，需要把有限的资金投入到主营业务中，此时，企业进行金融资产投资会显著地挤占实体投资和研发创新投入，对成本加成率的影响尤为不利。其次，对于成熟期的企业而言，企业的盈利趋于稳定，内部现金流充裕，并且和外部金融机构同样存在密切的经济关联，此时企业的融资问题得到有效缓解，适度的金融资产投资并不会过分挤占企业的主营业务投入和研发创新，另一方面，成熟期的企业为了维持产品市场份额，会保持在主营业务方面的投资，因此企业金融化对成本加成率的影响较为有限。最后，对于衰退期企业而言，企业往往面临技术设备落后、管理效率低、产品过时和财务恶化等突出问题，企业为了维持自身生存，寻求多元化配置资产，因而更倾向于增加金融资产配置，此时“脱实向虚”对企业产品竞争力的影响是尤为不利的(张建伟，2019)。

关于企业发展阶段的划分，本章主要参考肖忠意和林琳（2019），根据现金流模式法，分别采用经营现金流、投资现金流和筹资现金流三种现金流的正负组合关系来刻画企业的发展阶段，根据企业发展阶段的差异，进一步将样本划分为发展期、成熟期和衰退期企业。表6-6报告了不同企业发展阶段下，实体企业“脱实向虚”对企业产品市场竞争力的差异化影响。表6-6的估计结果显示，在企业的不同阶段，实体企业“脱实向虚”对成本加成率的影响具有异质性，总的来看，对于成熟期企业而言，实体企业“脱实向虚”的不利影响相对较小，且显著性水平不高。但是对于成长期、衰退期的企业而言，实体企业“脱实向虚”的不利影响十分显著，特别是对于衰退期企业的影响尤为不利。上述分析表明，实体企业“脱实向虚”对成本加成率的影响与企业的发展阶段紧密相关，对于成长期和衰退期的企业而言，实体企业“脱实向虚”的不利影响尤为不利。

表6-6 **实体企业“脱实向虚”对不同发展阶段企业成本加成率的影响**

	(1)	(2)	(3)	(4)	(5)	(6)
	发展期	成熟期	衰退期	发展期	成熟期	衰退期
	lnMarkup			lnMarkup2		
Fin	−0.0404*** (0.0157)	−0.0191** (0.0108)	−0.0479*** (0.0183)	−0.0198** (0.0098)	−0.0121 (0.0101)	−0.0271*** (0.0091)
lnTFP	1.0481*** (0.0313)	1.0314*** (0.0461)	1.2141*** (0.0381)	1.0631*** (0.0513)	1.1381*** (0.0381)	1.0144*** (0.0261)
KL	0.0384*** (0.0009)	0.0313*** (0.0010)	0.0332*** (0.0013)	0.0473*** (0.0013)	0.0418*** (0.0019)	0.0483*** (0.0021)
Wage	−0.0134*** (0.0008)	−0.0164*** (0.0019)	−0.0143*** (0.0013)	−0.0163*** (0.0012)	−0.0112*** (0.0029)	−0.0172*** (0.0026)
Age	−0.0091*** (0.0023)	−0.0063*** (0.0026)	−0.0084*** (0.0037)	−0.0071*** (0.0020)	−0.0069*** (0.0019)	−0.0077*** (0.0021)
Export	−0.0031*** (0.0011)	−0.0049** (0.0025)	−0.0033*** (0.0013)	−0.0028* (0.0017)	−0.0030* (0.0017)	−0.0029** (0.0014)
SOE	−0.0183*** (0.0032)	−0.0163*** (0.0042)	−0.0182*** (0.0038)	−0.0169*** (0.0029)	−0.0159*** (0.0033)	−0.0172*** (0.0029)
HHI	0.1472*** (0.0631)	0.1983*** (0.0471)	0.1342*** (0.0267)	0.1523*** (0.0412)	0.1452*** (0.0410)	0.1523*** (0.0376)
时间固定效应	Yes	Yes	Yes	Yes	Yes	Yes
个体固定效应	Yes	Yes	Yes	Yes	Yes	Yes
N	18 444	18 444	18 444	18 444	18 444	18 444
R^2	0.7129	0.7129	0.7129	0.5320	0.5319	0.5319

注：括号中是经过异方差调整的稳健型标准误；*、**、***分别表示在10%、5%、1%的水平上显著。

6.5 本章小结

为了实现经济高质量发展以及制造业强国目标，有效提高实体企业的产品市场竞争力至关重要。为此，本章对“脱实向虚”经济效应的考察聚焦在产品市场竞争力上，产品市场竞争力反映了企业将价格维持在边际成本之上的能力，是企业长期竞争力的重要来源之一。本章选取成本加成率作为产品市场竞争力的替代指标，借鉴De Loecker和Warzynski（2012）的测算方法，并在其基础上将实体企业“脱实向虚”和出口行为纳入生产率动态方程中，试图构建符合本章研究特色的成本加成率测算框架。在此基础上，利用2007—2018年沪深A股非金融类上市公司数据，研究了实体企业“脱实向虚”对企业产品市场竞争力的影响，并从微观企业特征和宏观经济环境两个层面探究了异质性效应。本章的主要研究结论为：

首先，基本回归结果表明，实体企业“脱实向虚”会显著降低企业成本加成率，说明总体而言，实体企业的跨行业金融投资行为不利于企业产品市场竞争力的提升。上述研究结论在考虑内生性问题，改变解释变量的测度方式以及更换样本范围后，仍然是稳健的。

其次，本章以中国企业面临的特殊制度背景（所有制性质和政府补贴政策）为切入点，研究了“脱实向虚”对不同企业的差异化影响。研究发现，实体企业“脱实向虚”对非国有企业、非补贴企业市场竞争力的提升尤为不利。然而在政府补贴力度上处于天然劣势的民营企业、中小企业，往往是引领创新发展和保持经济活力的重要源泉，实体企业“脱实向虚”给民营企业、中小企业带来的尤为不利影响值得决策部门的特别关注。此外，实体企业“脱实向虚”对成本加成率的影响与企业的发展阶段紧密相关，实体企业“脱实向虚”的不利影响在企业成长期和衰退期更为明显。

7 实体企业“脱实向虚”影响产品市场竞争力的作用机理研究

本章衔接第6章，在上一章中，不仅阐明了实体企业“脱实向虚”影响产品市场竞争力的作用机理，而且从创新投入、生产率以及融资成本等微观企业视角进一步拓展了实体企业金融化的经济效应。根据上一章的理论分析，实体企业“脱实向虚”主要通过“效率挤出效应”和“成本降低效应”两种机理对产品市场竞争力施加不同影响。到目前为止，我们得到了具有较强稳健性的研究结论：“脱实向虚”不利于企业产品市场竞争力的提升，这初步表明“成本降低效应”的积极作用难以抵消“效率挤出效应”的负面影响。本章正式对两种作用机理进行经验识别，试图更为深入地剖析实体企业“脱实向虚”的经济效应。

具体而言，本章首先通过理论模型推导出实体企业“脱实向虚”与创新投入以及生产率的关系，并说明融资约束在其中扮演的作用。在理论模型的基础上，本章对实体企业“脱实向虚”影响产品市场竞争力的作用机理进行实证检验：一方面，从创新投入和生产率的视角来检验实体企业“脱实向虚”的“效率挤出效应”，即金融资产投资是否挤出了企业的创新投入和生产率，进而对产品市场竞争力产生不利影响。另一方面，从融资成本视角来检验实体企业“脱实向虚”的“成本降低效应”，即金融资产投资是否缓解了企业融资约束，降低了企业融资成本，进而对企业产品市场竞争力产生正向作用。

7.1 文献基础

近年来，我国经济出现“脱实向虚”趋势，特别是实体企业热衷于金融投资的现象愈发凸显。学术界对“脱实向虚”的经济效应已经做出了一定的探讨。从现有文献来看，早期国内外研究主要是从宏观层面去分析“脱实向虚”的经济后果，包括经济增长、产业结构、收入分配不公等（Kneer，2013；Rousseau和Wachtel，2011）。近年来，微观层面的研究文献开始逐步出现。其中，比较典型的几篇文献主要研究了实体企业“脱实向虚”对实体投资和研发创新的影响。张成思和张步昙（2016）在Demir（2009）研究的基础上，构建了一个包含风险因素的企业投资决策模型，并从金融资产投资比重、风险调整后的金融资产收益率与固定资产收益率差异以及金融投资相对风险三个角度定义实体企业“脱实向虚”，试图从“脱实向虚”视角来解读中国实业投资率下降的谜题。通过对2006—2014年间A股非金融类上市公司进行深入研究发现，在控制固定资产投资收益和风险因素的情况下，实体企业“脱实向虚”对实体投资率具有显著的抑制作用。解维敏（2018）以非金融企业与金融企业之间的股权关联来衡量实体企业“脱实向虚”，在此基础上利用2007—2014年上市公司数据考察了实体企业“脱实向虚”与创新的关系，研究发现，持股金融企业对实体企业的研发创新具有显著的抑制作用，并且这种抑制作用在管理层业绩压力偏大的实体企业中更加显著。

毋庸置疑，上述文献为我们认识与理解实体企业“脱实向虚”的经济效应提供了重要的参考价值。然而，这些文献仅仅是从单一视角来讨论实体企业“脱实向虚”的经济效应，缺乏一个统一的研究框架。事实上，企业创新、企业生产率可能仅仅是实体企业“脱实向虚”影响产品市场竞争力的渠道之一。另外，现有研究在评估实体企业“脱实向虚”的经济效应时忽略了融资约束和融资成本的视角，如果企业投资金融资产是出于“蓄水池”动机，那么，企业在资金富余时买入金融资产，为将来的流动性进行储备；在资金紧张时卖出金融资产，以舒缓资金压力，这有助于减少企业的外部融资需求和降低融资成本。并且非金融企业与金融机构建立的股权关系能够减少融资信息不对称问题，可以将外部融资“内部化”，进而降低企业融资成本（Khanna和Yafeh，2007）。

综合上述分析，本章将实体企业“脱实向虚”、研发创新、全要素生产率、融资成本、产品市场竞争力纳入统一框架，探究实体企业“脱实向虚”影响产品市场竞争力的作用机理。图7-1归纳了实体企业“脱实向虚”影响产品市场竞争力的作用机理。

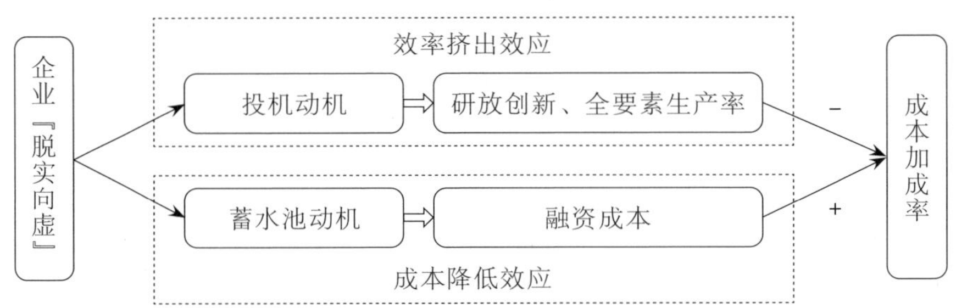

图7-1　实体企业“脱实向虚”影响产品市场竞争力的作用机理

7.2　理论模型与研究命题

Melitz和Ottavian（2008）利用理论模型说明了高生产率企业更容易克服出口临界成本，其成本加成率也相应更高。该模型从理论上充分论证了生产率和产品市场竞争力的正向关系。因此，本章不再对研发创新、生产率与产品市场竞争力的关系进行理论分析。本章更感兴趣的是实体企业“脱实向虚”如何影响创新和企业生产率，以及融资成本是否是实体企业“脱实向虚”影响成本加成率的内在机理。

借鉴Levine和Warusawitharana（2019）的理论模型，本章引入一个包含实体企业“脱实向虚”、研发创新投入、融资成本、生产率的最优决策模型。假设企业按照如下形式的柯布-道格拉斯生产函数进行生产：

$$Y = e^{z}K^{\alpha}L^{1-\alpha} \tag{7.1}$$

其中，企业使用资本K和劳动力L得到产出Y，z表示企业的全要素生产率的自然对数，α表示资本产出份额，1-α表示劳动产出份额。假设企业的劳动价格是ω，产出价格标准化为1，则企业的未来现金流可表示为：

$$\prod = \max_{L} Y - \omega L \tag{7.2}$$

假定资本折旧率为δ，企业投资I存在二次调整成本$\lambda\frac{I^2}{2K}$，这一设定形式能够保证投资符合经典的Q理论：$1+\lambda\frac{I}{K}=q(z)$，其中，$q(z)$为企业价值比上资本存量。

企业的研发创新投入S是生产率z的重要来源，这一机制为众多文献所强调（Bloom等，2012；Eisfeldt和Papanikolaou，2013）。假定生产率的变动可以用$g(S/K,\ \varepsilon)$表示，其中研发创新投入S/K使用相应的资本存量进行加权，这有助于控制企业规模带来的差异化影响，ε的引入使得生产率的决定过程包含随机因素（Doraszelski和Jaumandreu，2013；Warusawitharana，2015）。在对数设定的情形下，下一期的生产率z′可表示为：

$$z' = z + g(S/K,\ \varepsilon) \tag{7.3}$$

生产率运动路径满足下列凸性条件：

$$\frac{\partial g(S/K,\ \varepsilon)}{\partial S} > 0,\ \frac{\partial^2 g(S/K,\ \varepsilon)}{\partial S^2} < 0 \tag{7.4}$$

在企业经营过程中，可以通过自有资金或者外部融资来满足生产经营需求，但是企业在进行外部融资时会存在融资成本，假设单位的外部资金需要额外支付ϕ成本。企业的外部融资金额F应满足：

$$F = I + \lambda\frac{I^2}{2K} + S + Fin - \prod \tag{7.5}$$

企业的值函数V(K，z)是下列形式的贝尔曼方程的解：

$$V(K,\ z) = \max_{I,\ K',\ S,\ Fin} - F(1+\phi) + \beta E[V(K',\ z')] \tag{7.6}$$

$$K' = K(1-\delta) + I \tag{7.7}$$

在式（7.6）中 β 是效用折现因子，当企业不存在外部融资时 $\phi = 0$，最优研发创新投入S的运动方程还要满足额外的二阶约束条件：

$$\frac{\partial^2}{\partial S^2} E[V(K', z')] < 0 \tag{7.8}$$

融资成本的存在意味企业在使用外部资金进行研发创新或者金融投资时，需要付出更大的经济成本。通过求解上述贝尔曼方程，可以获得关于最优研发创新投入S的一阶条件：

$$1 + \phi = \beta \frac{\partial}{\partial S} E[V(K', z')] \tag{7.9}$$

$E[V(K', z')]$的凸性以及$g(S/K, \varepsilon)$的Inada条件保证的贝尔曼方程式有内点解。上式的经济学解释为，左式为边际成本$1 + \phi$，右式为边际收益$\beta \frac{\partial}{\partial S} E[V(K', z')]$。

企业生产率变化和“脱实向虚”的关系式可表示为：

$$\frac{\partial}{\partial Fin} Eg(S/K, \varepsilon) = E(\frac{\partial g}{\partial S} \frac{\partial S}{\partial Fin}) \tag{7.10}$$

式（7.10）右边第一项，由$g(S/K, \varepsilon)$的Inada条件，$\frac{\partial g}{\partial S} > 0$。因此，实体企业“脱实向虚”对企业生产率的影响与$\frac{\partial S}{\partial Fin}$的符号相关。根据上述分析，可以得到如下命题：

命题7.1：实体企业“脱实向虚”与企业生产率变化的关系主要取决于实体企业“脱实向虚”的动机。当企业配置金融资产是出于“蓄水池”动机时，“脱实向虚”与研发创新投入之间呈现正相关关系（$\frac{\partial S}{\partial Fin} > 0$），实体企业“脱实向虚”对生产率具有促进作用。当企业配置金融资产是出于“投机”动机时，那么，过度的金融投资会导致企业研发创新投入不足（$\frac{\partial S}{\partial Fin} < 0$），实体企业“脱实向虚”对生产率具有抑制作用。

将一阶条件式（7.9）对S求导可得：

$$\frac{\partial \phi}{\partial S} = \beta \frac{\partial^2 E[V(K', z')]}{\partial S^2} \tag{7.11}$$

由式（7.8）的二阶条件可知式（7.10）小于0，从而：

$$\frac{\partial\phi}{\partial S}<0,\ \frac{\partial S}{\partial\phi}<0 \tag{7.12}$$

由上述分析可以得到如下命题：

命题7.2：融资成本的上升会显著抑制企业最优研发创新投入，进而导致企业生产效率和产品市场竞争力的下降。

本章的理论模型在一定程度上揭示了实体企业“脱实向虚”对产品市场竞争力的作用机理，其中，关键的中介变量是企业创新、全要素生产率以及企业融资成本。下文将通过严谨的实证分析，对上述命题进行检验。

7.3 研究设计

7.3.1 模型的建立

根据前文的分析，实体企业“脱实向虚”可能通过研发创新投入、企业生产率以及融资成本对产品市场竞争力施加不同影响。基于温忠麟等（2014）的中介效应检验程序，本章选择依次检验法来检验实体企业“脱实向虚”影响产品市场竞争力的作用机理。本章首先从创新投入和生产率的视角来检验实体企业“脱实向虚”的“效率挤出效应”，即金融资产投资是否挤出了企业的创新投入和生产率，进而对产品市场竞争力产生不利影响。计量模型构建如下：

$$\ln Markup_{ijt}=\beta_0+\beta_1 Fin_{ijt}+X'\theta+\mu_i+\nu_t+\varepsilon_{ijt} \tag{7.13}$$

$$Innova_{ijt}\ \text{or}\ \ln TFP_{ijt}=\alpha_0+\alpha_1 Fin_{ijt}+X'\theta+\mu_i+\nu_t+\varepsilon_{ijt} \tag{7.14}$$

$$\ln Markup_{ijt}=\gamma_0+\gamma_1 Fin_{ijt}+\gamma_2 Innova_{ijt}\ \text{or}\ \ln TFP_{ijt}+X'\theta+\mu_i+\nu_t+\varepsilon_{ijt} \tag{7.15}$$

中介效应的检验程序由以下三步构成：首先，考察自变量（实体企业“脱实向虚”）对因变量（产品市场竞争力）的影响；其次，考察自变量（实体企业“脱实向虚”）对中介变量（研发创新投入、生产率）的影响；最后，同时考察自变量（实体企业“脱实向虚”）和中介变量（研发创新投入、生产率）对因变量（产品市场竞争力）的影响。分析

α_1、γ_2的系数及其显著性，可以判别中介效应是否存在。另外，通过比较β_1和γ_1的系数大小，可以判别中介效应是起到部分中介作用还是完全中介作用。

对于上述方程需要做出如下说明：

由于本章将全要素生产率视为重要中介变量，因此，基准模型（7.13）中的控制变量不再包含生产率。式（7.14）中，被解释变量分别为企业创新投入Innova和生产率TFP，解释变量为实体企业“脱实向虚”Fin。根据创新和生产率领域的相关文献（Chang等，2015），控制变量主要包括：企业规模（Size）、资产负债率（Leverage）、现金持有率（Cash）、资产收益率（Roa）、企业年龄（Age）、企业所有制性质（SOE）、行业赫芬达尔-赫希曼指数（HHI）、资本集中度（KL）、出口行为（Export）等。式（7.15）在基准模型（7.13）的基础上增加了Innova和lnTFP作为解释变量，以考察创新投入和生产率对产品市场竞争力的影响。

理论上，企业金融资产投资还可能通过“蓄水池效应”来缓解融资压力，降低企业融资成本，进而对产品市场竞争力产生正向作用。本章接下来以融资成本为中介变量，通过考察实体企业“脱实向虚”对融资成本的影响，进而检验“成本降低效应”是否显著存在。计量模型构建如下：

$$\ln Markup_{ijt} = \beta_0 + \beta_1 Fin_{ijt} + X'\theta + \mu_i + \nu_t + \varepsilon_{ijt} \tag{7.16}$$

$$Fcost_{ijt} = \alpha_0 + \alpha_1 Fin_{ijt} + X'\theta + \mu_i + \nu_t + \varepsilon_{ijt} \tag{7.17}$$

$$\ln Markup_{ijt} = \gamma_0 + \gamma_1 Fin_{ijt} + \gamma_2 Fcost_{ijt} + X'\theta + \mu_i + \nu_t + \varepsilon_{ijt} \tag{7.18}$$

中介效应检验流程同上。式（7.17）中，被解释变量为企业融资成本Fcost。参考Anderson等（2004）研究企业融资成本决定因素的文献，控制变量主要包括：企业规模（Size）、资产负债率（Leverage）、企业年龄（Age）、现金持有率（Cash）、资产收益率（Roa）、企业所有制性质（SOE）和行业赫芬达尔-赫希曼指数（HHI）等。模型（7.18）在基准模型的基础上增加了Fcost作为解释变量，以考察企业融资成本对产品市场竞争力的影响。

7.3.2 变量与数据

本章涉及的三个核心中介变量分别是研发创新投入、生产率和融资成本。企业生产率可在前文的DLW框架下通过ACF方法测算得到。其他两个变量的测算方式如下：(1) 与鞠晓生等 (2013) 的研究相似，本章使用无形资产净额增量占总资产的比重来衡量企业的创新投入Innova。理由是：一方面，与R&D相比，无形资产增量涵盖了诸如技术引进、人力资本培育等更为丰富的创新信息；另一方面，国泰安数据库中的企业R&D数据存在大量缺失值。(2) 根据张杰等 (2017) 的研究，企业融资成本Fcost使用利息支出占负债比重近似衡量，无形资产和利息支出等数据来源于国泰安数据库。此外，其他控制变量的测算方式在前文中已经有所涉及，这里不再具体介绍。

表7-1展示了金融化企业和非金融化企业研发创新投入的差异。可以看到，总体而言，金融化企业的研发创新投入均值为0.0103，低于非金融化企业的研发创新投入均值0.0122，差距为0.0019，并且这种差异是显著的。从不同时间段来看，金融化企业和非金融化企业的这种差距同样是存在的，并在2012—2015年间达到最大差距0.0026。

表7-1也同时给出了金融化企业和非金融化企业生产率的比较。可以看到，从总体样本来看，金融化企业的生产率均值为2.1368，显著低于非金融化企业的生产率均值2.1968，平均来看，非金融化企业的生产率均值要比金融化企业高出0.0600。从不同时间段来看，金融化企业和非金融化企业的这种差距同样也是显著存在的，在2012—2015年间差距最为明显。

表7-1 **金融化企业与非金融化企业研发创新投入、生产率差异**

研发创新投入				
	总体	2008—2011年	2012—2015年	2016—2018年
非金融化企业	0.0122	0.0124	0.0127	0.0118
金融化企业	0.0103	0.0112	0.0101	0.0097
差距	0.0019***	0.0012**	0.0026***	0.0021***
标准差	0.0004	0.0006	0.0006	0.0005
T值	4.0252	2.0477	4.2189	4.1821

续表

生产率				
	总体	2008—2011年	2012—2015年	2016—2018年
非金融化企业	2.1968	2.0985	2.1632	2.2598
金融化企业	2.1368	2.0822	2.1396	2.2393
差距	0.0600***	0.0163***	0.0236***	0.0205***
标准差	0.0033	0.0065	0.0046	0.0061
T值	18.1645	2.4947	5.1174	3.3419

注：*、**、***分别表示在10%、5%、1%的水平上显著。

图7-2和图7-3进一步给出了实体企业金融化与研发创新投入以及生产率的散点图，从散点图的分布趋势来看，实体企业金融化与研发创新投入以及生产率大致呈现负相关关系，但仍需控制其他因素的影响，更为严谨的实证检验将在下文中展开。

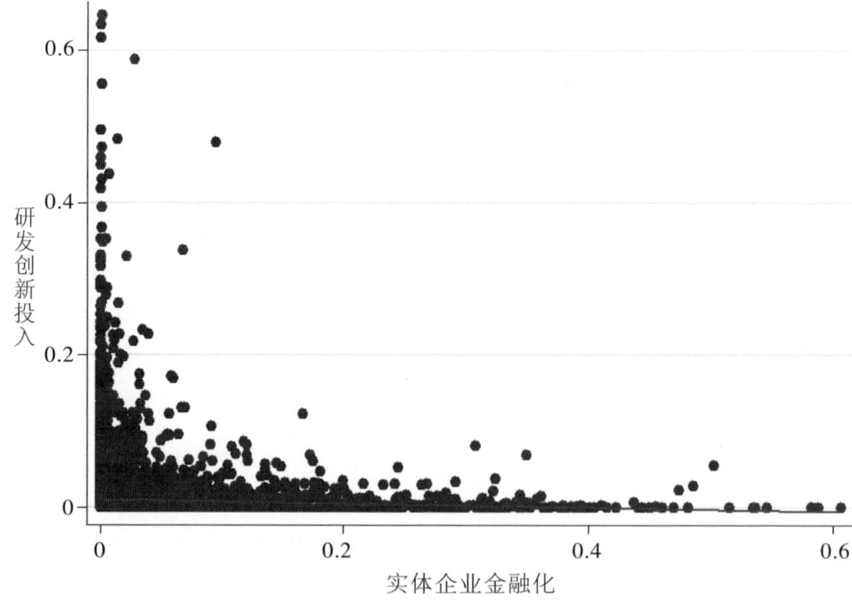

图7-2 实体企业金融化与研发创新投入散点图

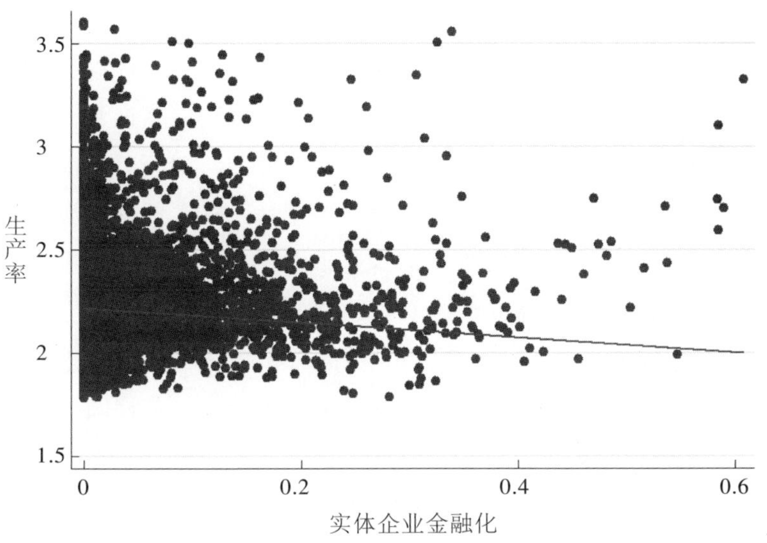

图7-3 实体企业金融化与生产率散点图

表7-2给出了金融化企业和非金融化企业融资成本的比较，从中可以看出，总体而言，金融化企业的融资成本均值为0.0216，显著低于非金融化企业的融资成本均值0.0232，说明实体企业金融化可能会给企业融资带来一定的成本优势。从时间维度来看，2008—2011年间金融化企业相较于非金融化企业的这种融资成本优势同样显著存在，2012—2015年间尽管金融化企业的融资成本优势存在但不显著，2016—2018年间金融化企业甚至存在显著的融资成本劣势。图7-4进一步给出了实体企业金融化和融资成本的散点图。从散点图的分布趋势来看，总体而言，实体企业金融化和融资成本大致呈现负相关关系，即企业金融化程度越高，融资成本相应越低。更为严谨的实证检验将在下文中展开。

表7-2 **金融化企业与非金融化企业融资成本差异**

	总体	2008—2011年	2012—2015年	2016—2018年
非金融化企业	0.0232	0.0248	0.0243	0.0180
金融化企业	0.0216	0.0237	0.0237	0.0190
差距	0.0016**	0.0011***	0.0006	-0.0010**
标准差	0.0007	0.0005	0.0004	0.0004
T值	2.3747	2.2740	1.3416	-2.2359

注：*、**、***分别表示在10%、5%、1%的水平上显著。

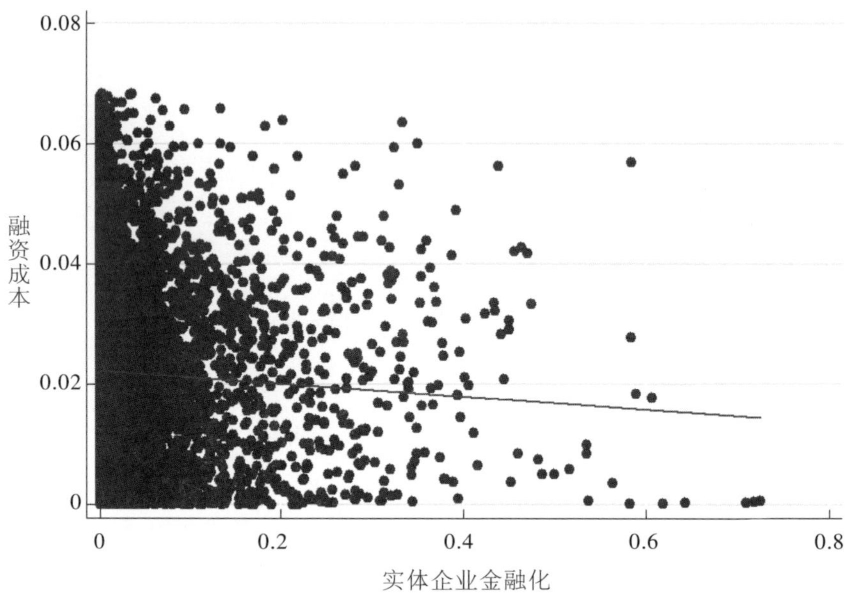

图 7-4　实体企业“脱实向虚”与融资成本散点图

7.4　实体企业“脱实向虚”影响创新投入以及生产率的结果分析

7.4.1　研发创新投入和生产率的中介作用

表 7-3 给出了实体企业金融化“效率挤出效应”的检验结果。本章首先关注实体企业“脱实向虚”对研发创新投入的影响。表 7-3 第（2）列的估计结果显示，实体企业“脱实向虚”系数为负且通过了 1% 水平的显著性检验，说明金融资产投资份额越高，企业的创新投入越少，即实体企业“脱实向虚”对创新投入存在“挤出效应”。从数值大小来看，企业每增持 1% 的金融资产，研发创新投入将会下降 2.22%，“挤出效应”十分明显。该结论进一步印证了解维敏（2018）的研究结论，并且从创新投入视角拓展了实体企业“脱实向虚”的经济效应。

表 7-3 第（3）列将研发创新投入纳入基本模型中，创新投入的估计系数在 1% 水平上显著为正，说明创新投入对产品市场竞争力具有显

著的促进作用。这与刘啟仁和黄建忠（2016）的研究结论类似，其内在逻辑在于：一方面，企业通过研发创新，可以在产权保护期间，凭借产品的差异化竞争优势在需求市场上索取更高的产品价格，进而提高产品市场竞争力；另一方面，研发创新投入有助于促进企业生产率的提升（Hall等，2010），变相地降低了企业的生产成本，进而提高产品市场竞争力。此外，通过比较表7-3第（1）、（3）列中实体企业“脱实向虚”的估计系数大小可以发现，纳入创新投入后，实体企业“脱实向虚”的估计系数绝对值与基准回归结果相比有所下降，说明创新投入起到了部分中介作用。

表7-3　　实体企业“脱实向虚”的“效率挤出效应”

	(1)	(2)	(3)	(4)	(5)
	lnMarkup	Innova	lnMarkup	lnTFP	lnMarkup
Fin	-0.0242*** (0.0024)	-0.0222*** (0.0029)	-0.0169*** (0.0043)	-0.0170** (0.0183)	-0.0172** (0.0882)
Innova			0.1110*** (0.0378)		
lnTFP					1.0934*** (0.0882)
Wage	-0.0105*** (0.0007)		-0.0106*** (0.0007)		-0.0137*** (0.0005)
KL	0.0153*** (0.0011)	0.0007** (0.0003)	0.0154*** (0.0011)	0.0171*** (0.0010)	0.0330*** (0.0007)
Age	-0.0042** (0.0021)	-0.0020*** (0.0006)	-0.0039* (0.0021)	-0.0055*** (0.0014)	-0.0088*** (0.0014)
Export	-0.0445*** (0.0017)	-0.0007 (0.0005)	-0.0443*** (0.0017)	-0.0037 (0.0012)	-0.0036*** (0.0012)
SOE	-0.0114*** (0.0050)	-0.0010 (0.0014)	-0.0112** (0.0050)	-0.0003 (0.0035)	-0.0138*** (0.0027)

续表

	(1)	(2)	(3)	(4)	(5)
	lnMarkup	Innova	lnMarkup	lnTFP	lnMarkup
HHI	0.1552*** (0.0477)	-0.0104 (0.0140)	0.1563*** (0.0476)	-0.0003 (0.0328)	0.1633*** (0.0422)
Size		-0.0005** (0.0003)		-0.0063*** (0.0006)	
Leverage		-0.0023 (0.0015)		-0.0187*** (0.0036)	
Cash		0.0011*** (0.0002)		0.0228*** (0.0081)	
Roa		0.0026* (0.0014)		0.0123*** (0.0042)	
Constant	0.0184*** (0.0162)	0.0391*** (0.0063)	0.0151*** (0.0152)	0.7587*** (0.0164)	-0.9096*** (0.0152)
时间固定效应	Yes	Yes	Yes	Yes	Yes
个体固定效应	Yes	Yes	Yes	Yes	Yes
N	15 809	15 809	15 809	15 809	15 809
R^2	0.6965	0.4229	0.6967	0.6946	0.7043

注：括号中是经过异方差调整的稳健型标准误；*、**、***分别表示在10%、5%、1%的水平上显著。

接下来，本章关注生产率的中介作用。表7-3第（4）列的估计结果显示，金融资产投资份额越高，企业的全要素生产率越低。总体而言，“脱实向虚”不利于企业生产率的提高，这也从生产率视角进一步拓展了实体企业“脱实向虚”的经济效应。此外，第（5）列的估计结果显示，全要素生产率的估计系数显著为正，证实了企业生产率对产品市场竞争力的促进作用，这也支持了Melitz和Ottvaiano（2008）的理论研究，说明企业生产效率越高，其产品市场竞争力越强。比较表7–3第（1）、（5）列中实体企业“脱实向虚”的估计系数大小可以发现，纳入全要素生产率后，实体企业“脱实向虚”的估计系数绝对值与基准回归结果相比有所下降，说明全要素生产率同样起到了部分中介作用。

上述分析表明，实体企业“脱实向虚”的一个重要经济后果是挤出了企业的研发创新投入和生产率，进而降低了企业产品市场竞争力，也就是说，实体企业“脱实向虚”的“效率挤出效应”得到验证，“效率挤出效应”是实体企业“脱实向虚”抑制产品市场竞争力的重要形成机理。

7.4.2 融资成本的中介作用

表7–4给出了实体企业“脱实向虚”的“成本降低效应”的检验结果。本章首先关注实体企业“脱实向虚”对融资成本的影响。从表7–4第（1）列的估计结果可以发现，实体企业“脱实向虚”的估计系数尽管为负但未能通过显著性检验，表明金融资产投资份额的上升并不能为企业融资提供显著的成本优势，我们认为这一现象的形成可能部分归因于实体企业“脱实向虚”行为的“路径依赖性”：虽然金融资产投资可能为企业经营活动储备更多内部资金，有助于降低外部融资需求和融资成本。但是随着“脱实向虚”程度的不断提高，企业会产生金融渠道获利的路径依赖（张成思和张步昙，2016），企业可能不会将这部分收益转化为预防性储备以待未来缓解融资约束，反而会进一步将其投向金融市场，由此“蓄水池”功能的发挥余地十分有限，企业融资成本难以得到有效降低。

表7–4第（3）列将融资成本纳入基本模型中，进一步考察了融资成本对产品市场竞争力的影响，可以看到融资成本的估计系数在1%水平上显著为负，说明企业融资成本的上升会显著抑制产品市场竞争力的提升。这与直观理解是吻合的，原因在于：（1）企业融资成本的增加变相地增加了产品生产的边际成本，从而带来产品市场竞争力的下降。（2）由于研发创新投入需要大量的外部资金支持，融资成本的上升无疑提高了研发成本，显著降低了研发创新投入，进而导致生产效率和产品

市场竞争力的降低，命题7.2得到验证。

表7-4　　实体企业“脱实向虚”的“成本降低效应”

	(1)	(2)	(3)
	lnMarkup	Fcost	lnMarkup
Fin	-0.0393*** (0.0114)	-0.0014 (0.0013)	-0.0392*** (0.0113)
Fcost			-0.2822*** (0.0838)
lnTFP	1.0978*** (0.0118)		1.0973*** (0.0118)
Wage	-0.0135*** (0.0005)		-0.0132*** (0.0005)
KL	0.0323*** (0.0007)	-0.0017*** (0.0001)	0.0318*** (0.0008)
Age	-0.0060*** (0.0014)	-0.0007*** (0.0002)	-0.0064*** (0.0014)
Export	-0.0029** (0.0013)	-0.0002* (0.0001)	-0.0030** (0.0013)
SOE	-0.0149*** (0.0028)	-0.0019*** (0.0003)	-0.0143*** (0.0028)
HHI	0.1654*** (0.0436)	-0.0025 (0.0031)	0.1647*** (0.0435)
Size		0.0005*** (0.0001)	
Leverage		0.0062*** (0.0013)	
Cash		0.0040*** (0.0013)	

续表

	(1)	(2)	(3)
Roa		0.0034 (0.0027)	
Constant	-0.9118*** (0.0150)	0.0279*** (0.0017)	-0.9029*** (0.0153)
时间固定效应	Yes	Yes	Yes
个体固定效应	Yes	Yes	Yes
N	16 116	16 116	16 116
R^2	0.7013	0.5275	0.7015

注：括号中是经过异方差调整的稳健型标准误；*、**、***分别表示在10%、5%、1%的水平上显著。

综合上述分析，实体企业“脱实向虚”的“成本降低效应”并不显著，实体企业“脱实向虚”并未给企业融资提供显著的成本优势。实体企业“脱实向虚”的作用机理以“效率挤出效应”为主。该结论从企业创新投入、生产率和融资成本多重视角进一步阐明了实体企业“脱实向虚”的经济效应，也从侧面证实了企业配置金融资产的两类动机中，追逐短期超额收益的“投机”动机是企业的主要目的，反哺主营业务的“蓄水池”动机并不明显。

7.5 本章小结

本章首先借鉴Levine和Warusawitharana（2019）的理论模型，构建了一个包含实体企业“脱实向虚”、研发创新投入、融资成本、生产率的最优决策模型，尝试揭示实体企业“脱实向虚”对产品市场竞争力的作用机理。在此基础上，以研发创新、企业生产率和融资成本为中介变量，采用中介效应模型实证检验了实体企业“脱实向虚”影响产品市场竞争力的作用机理，这不仅有助于深入理解实体企业“脱实向虚”是如何影响产品市场竞争力的，而且从创新投入、生产率以及融资成本等微观企业视角进一步拓展了实体企业“脱实向虚”的经济效应。

研究结论显示，研发创新投入和生产率是理解实体企业“脱实向虚”与产品市场竞争力二者关系的关键变量，然而融资成本的中介作用并未得到研究的证实。其中，实体企业“脱实向虚”显著“挤出”了企业研发创新投入和生产率，企业每增持1%的金融资产，研发创新投入将会下降2.22%，“挤出效应”十分明显；研发创新投入强度和生产率的提高能够显著提升企业产品市场竞争力；尽管企业融资成本的下降会带来企业产品市场竞争力的提升，但企业金融未能给企业融资提供显著的成本优势。

实体企业“脱实向虚”主要通过“效率挤出效应”和“成本降低效应”两种机理对企业产品市场竞争力施加不同影响。在作用机理检验部分，本章发现，实体企业“脱实向虚”的“成本降低效应”并不显著，实体企业“脱实向虚”的作用机理以“效率挤出效应”为主。结合实体企业“脱实向虚”的动机，该结论也从侧面证实了企业配置金融资产的两类动机中，追逐短期超额收益的“投机”动机是企业的主要目的，反哺主营业务的“蓄水池”动机并不明显。

8　实体企业“脱实向虚”、成本加成率分布与资源配置效率

前文较为深入地考察了实体企业“脱实向虚”对产品市场竞争力的影响，并结合研发创新投入、生产率和企业融资成本探讨了实体企业金融化的作用机理。然而，以上分析仅局限于实体企业“脱实向虚”对微观企业的影响效应。一个值得进一步关注的问题是，当前普遍存在于中国实体企业中的金融化行为究竟会对中观层面的行业发展产生怎样的影响？本章在第6章的基础上，根据Epifani和Gancia（2011）、Opp等（2014）、Lu和Yu（2015）的研究，将成本加成率离散度作为行业内资源错配的重要衡量指标，从中观层面的行业内资源配置效率角度去考察实体企业“脱实向虚”的经济效应。

8.1　研究背景

近年来，优化资源配置问题已经引起了决策部门的高度重视，中央全面深化改革委员会第十五次会议和相关政策文件多次强调“要加快推

进有利于提高资源配置效率的改革”“进一步优化完善资源配置的体制机制”。那么，作为经济“脱实向虚”的重要微观表现形式的实体企业“脱实向虚”，究竟会对资源配置效率产生怎样的影响呢？其影响途径、作用机理是什么？以上问题已经成为当前亟待解决的重要问题，厘清上述问题不仅有助于增进对实体企业“脱实向虚”经济后果的理解，并且对现阶段推进实体经济与虚拟经济协调发展、进一步提升资源配置效率具有一定的现实意义。

从现有文献来看，学者们已经从不同视角出发对实体企业“脱实向虚”的经济后果进行了探讨。张成思和张步昙（2016）研究了“脱实向虚”对实体投资的影响，发现实体企业大量配置金融资产是中国实业投资率下降的重要成因。解维敏（2018）以非金融企业持股金融企业来衡量实体企业“脱实向虚”，并利用上市公司数据考察了实体企业“脱实向虚”与创新的关系，研究发现持股金融企业对实体企业的研发创新具有显著的挤出作用。胡海峰等（2020）指出企业过分依赖金融投资将改变企业经营发展模式并阻碍经营效率，这种“舍本逐末”的行为可能扭曲企业内部资源配置，不利于企业生产效率的提升。这些文献主要着眼于“脱实向虚”对微观企业个体的影响，鲜有文献从中观行业视角讨论实体企业“脱实向虚”的经济后果，关于资源配置效率的研究更为罕见。

本章从成本加成率分布的视角研究了实体企业“脱实向虚”对行业资源配置效率的影响。本章的学术价值体现在：第一，从研究视角来看，虽然已经有部分文献开始关注实体企业“脱实向虚”的经济效应，但对资源配置效率视角关注不足，本章从中观行业资源配置效率的角度丰富了该领域的研究文献。第二，从研究深度来看，本章对“脱实向虚”影响行业资源配置效率的形成机理进行了较为深入的讨论，认为“脱实向虚”抑制产品市场竞争和阻碍低成本加成率企业退出市场是重要的背后逻辑。第三，本章在技术层面也进行了有益尝试。我们主要从实体企业“脱实向虚”影响成本加成率分布的视角来讨论资源配置效率问题，关于企业成本加成率的测算方法，主要借鉴了 De Loecker 和 Warzynski（2012）的测算框架，并根据研究需要对其进行了一定的拓展和改进。

8.2 理论分析与研究假设

Baily等（1992）以美国为研究对象，发现自20世纪80年以来，美国生产效率的提高有一半贡献来自于生产要素由低效率企业转移到高效率企业。Hsieh和Klenow（2009）的经典研究指出，中国的劳动力和资本存在较大扭曲，如果我国劳动力与资本的扭曲程度降低至与美国相当，那么中国的总体生产率会提高30%~50%（刘啟仁和黄建忠，2018）。后续众多国内学者测算了要素配置扭曲带来的生产率损失（聂辉华和贾瑞雪，2011；龚关和胡关亮，2013）。

总体而言，现有文献主要沿袭Hsieh和Klenow（2009）的框架，从劳动力和资本的扭曲来研究资源错配问题，事实上，产品市场扭曲对资源配置效率的作用也是不可忽视的。Epifani和Gancia（2011）认为产品市场结构决定了资源配置效率的微观结构，企业间的成本加成率差异造成了资源的误置。因为从理论上说，如果所有企业的成本加成率都相同，那么可以实现资源的最优配置。成本加成率的离散程度越大，说明低成本加成率企业存在生产过度，高成本加成率企业存在生产不足，整个经济存在巨大的效率改进空间（Opp等，2014；Lu和Yu，2015；李艳和杨汝岱，2018）。

后续文献开始基于成本加成率分布视角来研究资源配置效率问题（刘啟仁和黄建忠，2018；李兰冰等，2019）。基于成本加成率离散度的视角，近来一些研究探究了资源配置效率的不同决定因素。Lu和Yu（2015）以中国加入WTO为准自然试验，系统评估了贸易自由化对资源配置效率的影响，研究发现加入WTO后中国企业的成本加成率离散度有显著的下降，说明贸易自由化促进了资源配置效率的改善。钱学锋等（2015）采用中国工业企业微观数据研究了出口退税政策与资源错配之间的关系，研究结论显示，降低出口退税率有助于提升出口企业的成本加成率，降低了出口企业和非出口企业之间的成本加成率差异，进而改善了出口企业与非出口企业之间的资源错配。赵瑞丽等（2018）研究了最低工资制度如何影响资源配置效率，研究发现最低工资水平的提高能够显著压缩行业内部的成本加成率离散度，带来行业资源配置效率的改善。刘啟仁和黄建忠（2016）、毛日昇等（2017）研究了人民币汇率变动对资源配置效率的影响，研究发现人民币升值会显著压低高成本加成率企业的成本加成率，从而缩小行业内的成本加成率离散程度，进而提高资源配置效率。

目前，直接研究实体企业“脱实向虚”如何影响成本加成率分布与资源配置效率的研究并不多见，与本章联系较为密切的研究领域主要有以下两个：其一，实体企业“脱实向虚”的动机。总体而言，实体企业“脱实向虚”主要存在“蓄水池”和“投机”两种不同动机。现有文献发现，对于中国企业而言，“脱实向虚”作为“蓄水池”和风险平滑手段的解释能力很小，更多体现为一种管理层短视行为与投机手段（彭俞超等，2018；苏冬蔚和毛建辉，2019；段军山和庄旭东，2021）。其二，“脱实向虚”对创新和企业生产率的影响。多数研究认为实体企业“脱实向虚”导致大量资金偏离了主业经营，挤占了主营业务投入和实业投资，显著抑制了企业创新和生产率的提升（Demir，2009；张成思和张步昙，2016；戚聿东和张任之2018），并且这种抑制效应在融资约束严重以及管理层业绩压力偏大的实体企业中更加显著（解维敏，2018）。

企业成本加成率可用产品价格和边际生产成本的比率表示，因此“脱实向虚”对企业成本加成率的影响需要结合边际生产成本和产品价格两个视角。首先，从边际生产成本来看，“效率水平越高，边际成本越低”是Melitz（2003）建立异质性企业贸易理论的重要基础，在投机套利动机的驱使下，“脱实向虚”对企业生产效率产生明显的抑制作用，生产效率的下降增加了单位产品的要素投入，提高了企业的边际生产成本，从而抑制了成本加成率的提升（Melitz和Ottaviano，2008）。其次，从产品价格来看，技术创新水平是决定企业定价能力的重要因素。“脱实向虚”对创新的挤出作用不仅阻碍了企业产品质量的升级，而且不利于实现产品多样性的扩张，二者都制约了产品价格的提升。也就是说，实体企业“脱实向虚”可能会通过提高企业边际生产成本和降低产品价格进而对成本加成率产生抑制作用。

实体企业“脱实向虚”不仅影响成本加成率水平值，更为重要的是，“脱实向虚”还会影响成本加成率的分布状态，进而对资源配置效率产生作用。谢富胜和匡晓璐（2020）发现“脱实向虚”对经营利润率（成本加成率）的影响与企业初始经营能力密切相关，对于经营能力较差（成本加成率较低）的企业而言，扩大金融投资活动将进一步抑制其正常经营活动，形成恶性循环；而对于经营能力较强（成本加成率较高）的企业，企业扩大金融投资活动对经营利润率（成本加成率）的抑制作用不明显。此外，高成本加成率企业相对于低成本加成率企业往往具有更高的生产率和更丰裕的经济资源，低成本加成率企业对金融资产投资带来的资源挤占效应更加敏感，从而“脱实向虚”对成本加成率产生的抑制效应在低成本加成率企业中更为明显。也就是说，“脱实向虚”可能改变行业成本加成率的分布特征，迫使低成本加成率企业的成本加成率大幅降低，但对高成本加成率企业的压低幅度较小，这就相对扩大低成本加成率企业和高成本加成率企业的成本加成率差距，带来行业成本加成率离散度的增大，不利于行业资源配置效率的改善（刘啟仁和黄建忠，2016）。总之，“脱实向虚”可能带来企业成本加成率下降与行业加成离散度扩大的双重效率损失。根据上述分析，我们提出如下假设：

假设8.1：“脱实向虚”不仅可能降低企业成本加成率，而且还会扩大成本加成率离散度，从而加剧行业资源错配。

从“脱实向虚”对资源配置效率的影响机制来看，主要存在产品市场竞争和企业市场退出机制两种渠道：

首先，竞争性是讨论资源配置效率问题时不可回避的重要因素。市场竞争的加剧会在很大程度上提高要素资源的流动性，降低要素市场的各类扭曲，从而促进要素资源的合理有效配置，改善经济的整体运行效率。就“脱实向虚”与产品市场竞争的关系而言，黄贤环等（2018）研究表明，实体企业“脱实向虚”不但没有为企业发展提供必要的资金支持，反而从实体部门中吸走资金，使资金在虚拟经济中空转，导致实体产业“空心化”，削弱了产品市场竞争程度。张军等（2021）研究发现，当行业中大量企业“不务正业”地由实业向金融业渗透，企业不再专注于主营业务的长期发展，产品市场竞争将明显减弱。也就是说，“脱实向虚”可能通过弱化企业产品市场竞争程度进而降低资源配置效率。

其次，“脱实向虚”还可能通过阻碍企业正常的退出机制进而加剧资源错配。蔡昉（2021）指出，有效的进入退出机制能够实现创造性破坏过程，使得高生产效率和竞争力的企业乘势而上，取代退出企业的市场份额，这种要素跨企业重新配置机制导致在位企业的生产效率和成本加成率差异显著减小，行业的资源配置效率得到有效改善。然而，“脱实向虚”可能延缓了低成本加成率企业的市场退出行为。那些生产效率和成本加成率不够高的企业由于在主业上经营不善，存在着被淘汰出市场的风险。而“脱实向虚”对这些企业像是“救命稻草”（宋军和陆旸，2015），一般而言，金融投资的回报周期较短，且具有高风险高收益特征，低成本加成率企业可能通过金融投机活动获取一定的短期超额收益，从而达到给财务报表“注水”的目的（杜勇等，2017）。通过寻求“脱实向虚”的支持，这些本该退出市场的低成本加成率企业，可以继续维持“低效生存”，延缓正常的市场淘汰机制，进一步加剧了资源错配。根据上述分析，我们提出以下假设：

假设8.2：“脱实向虚”可能弱化了产品市场竞争并延缓低成本加成率企业退出市场，从而降低了资源配置效率。

8.3 模型、变量与数据

8.3.1 模型设定

为了考察实体企业“脱实向虚”对成本加成率分布和资源配置效率的影响，首先，本章参考刘啟仁和黄建忠（2016）的研究，构建了如下的分位数计量模型，以讨论“脱实向虚”对不同成本加成率企业是否存在系统性差异：

$$Q_{\tau}(\ln Markup_{ijt}) = \beta_{0\tau} + \beta_{1\tau}Fin_{ijt} + X'\theta_{\tau} + \nu_t + \lambda_j + \varepsilon_{ijt} \tag{8.1}$$

分位数模型的构建思想如下：

根据Koenker（2005）的研究框架，给定连续型随机变量Y，其分布函数是$F_Y(y)$，其τ分位数$q_\tau(Y)$可以表示为满足$F_Y(y)\geqslant\tau$条件的最小y值：

$$q_\tau(Y) = \inf\{y:F_Y(y) \geqslant \tau\},\ \tau \in (0,1) \tag{8.2}$$

如果能够确定变量Y足够多的分位数，那么其分布函数$F_Y(y)$也是可以确定的，此外，为了考察自变量对因变量的影响，需要进一步引入条件分位数。Koenker和Basset（1978）提出了分位数回归方法（quantile regression），并被广泛用于实证研究中。假设给定X情形下Y的τ条件分位数可表示为：

$$Q_\tau(Y|X) = \inf\{y:F_{Y|X}(y) \geqslant \tau\} \tag{8.3}$$

其中，$F_{Y|X}(y)$是给定X情形下Y的条件分布。很显然，$Q_\tau(Y|X)$与X相关，其函数形式可以表示为$Q_\tau(Y|X) = g(X)$，假定$g(X)$为X的线性函数，那么：

$$Q_\tau(Y|X) = X'\beta_0(\tau) + \varepsilon \tag{8.4}$$

Koenker和Basset（1978）证明$\beta_0(\tau)$满足如下条件：

$$\beta_0(\tau) = \arg\min_\beta E\{\rho_\tau(Y - X'\beta)\} \tag{8.5}$$

其中，$\rho_\tau(z) = z(\tau - I(z < 0))$为对号函数（check function），I(z<0）为示性函数，当z<0，I(z<0）=1；否则I(z<0）=0。对号函数$\rho_\tau(z)$示意图如图8-1所示：

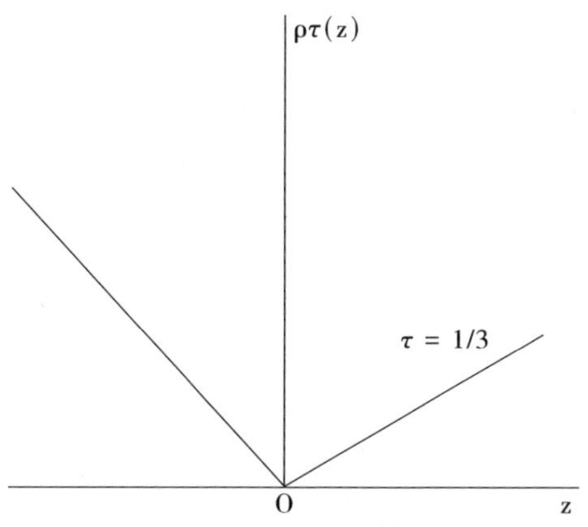

图8-1 分位数模型的对号函数$\rho_\tau(z)$, τ = 1/3

分位数模型的求解需要用到内点法以及单纯形法等线性规划方法。本章使用Stata 14.0软件来进行参数估计。

其中，i、j和t分别表示企业、行业和年份。被解释变量ln Markup表示企业成本加成率的对数。Fin是本章关注的核心解释变量，表示实体企业“脱实向虚”程度。本章将实体企业“脱实向虚”界定为企业将越来越多的经济资源配置于金融市场的行为和趋势，用企业金融资产投资额占总资产的比重来衡量。此外，根据张成思和张步昙（2016）的定义，房地产投资可视为一类特殊的金融投资，因此，在稳健性检验部分，本章还将投资性房地产纳入测算范畴。控制变量主要包括：企业全要素生产率的对数（lnTFP）、资本密集度（KL）、人均工资（Wage）、企业年龄（Age）、出口行为（Export）、企业所有制性质（SOE）、赫芬达尔-赫希曼指数（HHI）。为了控制宏观经济冲击和行业异质性的影响，模型还进一步控制了时间固定效应ν_t和行业固定效应λ_j。$\beta_{0\tau}$、$\beta_{1\tau}$和θ_τ表示待估参数在第τ个分位数上的取值。

通过分位数模型考察“脱实向虚”对不同分位点成本加成率的异质性影响，能够从一定程度上说明实体企业“脱实向虚”与成本加成率分布的关系，接下来，本章进一步将行业成本加成率离散度作为行业资源配置效率的重要衡量指标，正式讨论“脱实向虚”的资源配置效应。计量模型设定如下：

$$\ln Markup\_Disp_{jt} = \beta_0 + \beta_1 Fin\_ind_{jt} + X'\theta + \gamma_j + \lambda_t + \varepsilon_{jt} \tag{8.6}$$

被解释变量lnMarkup_Disp表示行业内企业间成本加成率离散度的对数。这里，本章参考Lu和Yu（2015）的研究，使用泰尔指数（Theil index）来衡量企业成本加成率的离散情况。泰尔指数具有均值独立性、规模独立性、对称性以及可分解性等诸多优良性质，是衡量离散度的常用指标。具体计算方法如下：

$$Theil_{jt} = \frac{1}{n_{jt}} \sum_{f=1}^{n_{jt}} \frac{Markup_{ijt}}{Markup\_ind_{jt}} \log\left(\frac{Markup_{ijt}}{Markup\_ind_{jt}}\right) \tag{8.7}$$

泰尔指数越大表示成本加成率离散度越大，资源配置效率水平越低。$Markup_ind_{jt}$表示j行业在t年的成本加成率均值，n_{jt}表示j行业在t年的企业数目。行业变量的划分依据是2001版证监会行业分类代码，制造业按照二级代码进行分类，其他行业按照一级代码进行分类，共涉及19个行业。出于增强稳健性考虑，本章还使用相对均值离差（RMD）、变异系数（CV）来度量行业成本加成率离散度[①]。

核心解释变量Fin_ind为行业层面的金融资产平均投资份额，用行业金融资产投资总额占行业总资产的比重来衡量。根据成本加成率离散度决定因素的相关文献（刘啟仁和黄建忠，2016；李兰冰等，2019），本章选取的控制变量主要包括：资本密集度（KL_ind），即行业固定资产净额比上行业员工人数的对数；产品市场竞争性（HHI），即以主营业务收入为基础构建的赫芬达尔-赫希曼指数；行业年龄（Age_ind），即行业内企业平均年龄的对数；国有经济比重（SOE_share），即行业国有企业营业收入总额与行业营业收入总额的比值；企业数量（Num），即行业内企业数目的对数；行业工资水平（Wage_ind），即应付职工薪酬总额比上行业员工总数的对数。为了控制行业异质性和宏观经济冲击的影响，模型中同时纳入了行业固定效应μ_j和时间固定效应ν_t。

8.3.2 变量测算

准确测算出企业成本加成率是本章的关键。在实际数据中，我们往往难以观测到企业的边际生产成本，因而也就难以通过产品价格和边际成本的比率来直接测算成本加成率。与第6章的测算方法类似，本章根据De Loecker和Warzynski（2012）的测算方法，在其基础上将实体企业"脱实向虚"和出口行为纳入中间品投入需求函数和生产率动态方程中，进而构建符合本章研究特色的测算框架。De Loecker和Warzynski（2012）通过求解既定产量下企业最优投入要素问题，得到企业成本加成率的表达式为：

① $RMD_{jt}=\frac{1}{n_{jt}}\sum_{f=1}^{n_{jt}}\left|\frac{Markup_{ijt}}{Markup_{jt}}-1\right|$；$CV_{jt}=\frac{\sqrt{V_{jt}}}{Markup_{jt}}$，其中，$Markup_{jt}$表示j行业在t年的成本加成率均值，$V_{jt}$表示j行业在t年的成本加成率标准差。

$$Markup_{it} = \theta_{it}^{X}\left(\alpha_{it}^{X}\right)^{-1} \tag{8.8}$$

其中，θ_{it}^{X}表示可变投入要素X的产出弹性，α_{it}^{X}表示可变投入要素的支出份额。考虑在我国企业劳动力调整成本较高，劳动投入难以实现自由调整，本章采用中间投入品作为可变投入要素来测算企业成本加成率。式（8.8）中，中间投入品支出份额α_{it}^{m}可以通过统计数据计算得到，因此，企业成本加成率的测算就转化为对中间投入品产出弹性θ_{it}^{m}的估计。本章采用Levinsohn和Petrin（2003）控制函数的方法来估计生产函数。假设中间投入品需求函数可表示为：

$$m_{it} = m_t(k_{it},\ \omega_{it},\ z_{it}) \tag{8.9}$$

其中，中间投入品需求除了取决于状态变量资本k和生产率ω，还可能受到其他相关变量z的影响。本章中，实体企业“脱实向虚”和出口行为都可能影响企业的中间投入品需求，因此，z中包括了实体企业“脱实向虚”Fin和出口行为虚拟变量Export。进一步地，我们利用中间投入品需求与生产率之间的正向单调关系，通过求逆运算可以得到企业生产率ω的表达式：$\omega_{it} = m_t^{-1}(m_{it},\ k_{it},\ z_{it}) = h_t(m_{it},\ k_{it},\ z_{it})$。为了避免LP方法中可能存在的多重共线性问题，本章接下来采用Ackerberg等（2015）提出的两步法来估计生产函数：

$$y_{it} = \beta_l l_{it} + \beta_k k_{it} + \beta_m m_{it} + h_t(m_{it},\ k_{it},\ z_{it}) + \varepsilon_{it} = \phi_t(l_{it},\ m_{it},\ k_{it},\ z_{it}) + \varepsilon_{it} \tag{8.10}$$

第一阶段，估计$y_{it} = \phi_t(l_{it},\ m_{it},\ k_{it},\ z_{it}) + \varepsilon_{it}$，即采用m、l、k和z的高阶项逼近$\phi_t$，进而估计出$\hat{\phi}$和$\hat{\varepsilon}$。第二阶段，估计生产函数中的所有参数。首先假设生产率ω_{it}的运动方程为：$\omega_{it} = g(\omega_{it-1},\ z_{it-1}) + \xi_{it}$，在本章中，当期的企业生产率不仅受前一期生产率的影响，还与前一期实体企业“脱实向虚”和出口行为相关。给定任意的β_l、β_k和β_m，$\omega_{it}(\beta) = \hat{\phi} - \beta_l l_{it} - \beta_k k_{it} - \beta_m m_{it}$，对生产率运动方程同样采用高阶项逼近的方法，可以得到$\xi_{it}(\beta)$。最终，基于以下的矩条件，利用GMM方法可以估计出生产函数中的所有参数：

$$E\left(\xi_{it}(\beta)(l_{it-1}k_{it}m_{it-1})'\right) = 0 \tag{8.11}$$

进行参数估计后，可以进一步测算出企业成本加成率$Markup_{it} = \hat{\beta}_m(\hat{\alpha}_{it}^{m})^{-1}$，其中$\hat{\alpha}_{it}^{m}$为调整后的支出份额：$\hat{\alpha}_{it}^{m} = \left[p_{it}^{m}M_{it}\right]/\left[P_{it}Y_{it}/\exp(\hat{\varepsilon}_{it})\right]$。

同时，以上过程还可以得到企业生产率 $\hat{\omega}_{it}=\hat{\phi}-\hat{\beta}_l l_{it}-\hat{\beta}_k k_{it}-\hat{\beta}_m m_{it}$。出于稳健性的考虑，本章也根据De Loecker和Warzynski（2012）的原始方法测算了成本加成率，此时中间品投入需求函数和生产率运动方程不再包含企业出口虚拟变量和“脱实向虚”行为。该情形下的成本加成率记为 $Markup_2$。

8.3.3 数据与样本

本章的数据主要来自于国泰安CSMAR数据库和中经网统计数据库，由于2006年后企业施行了新的会计准则，为了确保实体企业“脱实向虚”变量的统计口径前后一致，本章选取2007—2018年沪深两市A股上市公司作为研究样本。本章对原始数据进行了如下处理：（1）剔除房地产、金融行业的公司；（2）剔除ST、PT公司；（3）剔除交叉上市的公司；（4）剔除当年新上市的公司；（5）剔除关键变量缺失以及数据明显异常（例如职工薪酬为负）的公司。为了避免极端值对研究结论的重大影响，本章对连续变量进行了1%和99%水平的Winsorize处理。经过上述处理后，最终得到企业层面的样本数量为18 444个，行业层面的样本数量为209个。

需要强调的是，本章的实证研究是基于上市公司数据开展的，而不是工业企业数据，主要原因如下：（1）上市公司数据包含了更丰富的财务信息，特别是提供了工业企业数据所缺乏的企业金融资产投资信息，这为我们考察“脱实向虚”与行业资源配置效率的关系提供了可能。（2）尽管工业企业数据具有样本量大的优点，但工业企业数据同样存在着样本错配、重要财务指标缺失、测量误差等缺陷。相比而言，上市公司数据不但包括了制造业类上市公司，还涵盖了服务业类上市公司，它们的指标往往经过多轮审计、披露，因此数据更加全面和可靠。（3）本章通过考察金融化对行业成本加成率离散度的影响，进而探讨金融化的行业资源配置效果，这本质上属于中观层面的研究，与工业行业相比，上市公司数据同样具有较强的行业代表性。

8.4 实体企业“脱实向虚”对行业资源配置效率的影响分析

8.4.1 不同分位数下实体企业“脱实向虚”对成本加成率的影响

分位数回归模型能够刻画“脱实向虚”对不同成本加成率企业的差异化影响，如果“脱实向虚”对低分位点企业的抑制作用大于高分位点企业，则“脱实向虚”具有扩大成本加成率分布的作用，反之则是缩小成本加成率分布。表8-1选取5个代表性较强的分位点，分别为$\tau 5$、$\tau 25$、$\tau 50$、$\tau 75$和$\tau 95$，第（1）—（5）列的回归结果显示，除了95%分位点外，实体企业“脱实向虚”的估计系数均显著为负，说明总体而言，金融资产投资会显著抑制企业成本加成率的提升，造成企业定价势力下降。这与戚聿东和张任之（2018）、谢富胜和匡晓璐（2021）的研究结论类似，本章从成本加成率角度再次验证了“脱实向虚”对企业主营业务的不利影响。控制变量的估计方向与现有文献基本保持一致，不再赘述。

更为重要的是，通过比较估计系数在不同分位点上的绝对值大小可以发现，系数绝对值大小大致呈依次递减规律，并且在高分位点处“脱实向虚”对成本加成率的抑制作用变得不再显著，这表明随着“脱实向虚”程度的加剧，“脱实向虚”会迫使低成本加成率企业的成本加成率大幅降低，但对高成本加成率企业的压低幅度较小甚至不明显，使得二者的成本加成率差异趋于扩大，带来行业成本加成率离散度的增加，不利于行业资源配置效率的提升。结合前文的理论分析，可能的原因在于：高成本加成率企业经济资源更为丰裕、生产效率和经营利润率更高。一方面，凭借资源优势和较强的抗风险能力，“脱实向虚”对高成本加成率企业经营活动产生的挤出效应较小。另一方面，由于在产品市场上“有利可图”，高成本加成率企业进行“脱实向虚”的意愿相对较弱，对主营业务的偏离程度较小。由此导致，“脱实向虚”对成本加成率的抑制效应在低成本加成率企业中体现得尤为明显，最终使得行业成本加成率分布趋于分散。

表8-1　　“脱实向虚”与不同分位点的企业成本加成率

	lnMarkup					$lnMarkup_2$				
	(1)	(2)	(3)	(4)	(5)	(6)	(7)	(8)	(9)	(10)
	τ5	τ25	τ50	τ75	τ95	τ5	τ25	τ50	τ75	τ95
Fin	-0.1502^{***}	-0.1293^{***}	-0.0871^{***}	-0.0571^{**}	−0.0354	-0.0719^{***}	-0.0313^{**}	-0.0266^{**}	−0.0058	0.0024
	(0.0139)	(0.0087)	(0.0135)	(0.0232)	(0.0247)	(0.0130)	(0.0159)	(0.0134)	(0.0075)	(0.0056)
lnTFP	0.2238^{***}	0.6770^{***}	1.3118^{***}	1.4227^{***}	1.4763^{***}	0.9698^{***}	0.4402^{***}	1.2633^{***}	1.5448^{***}	1.6391^{***}
	(0.0119)	(0.0140)	(0.0086)	(0.0056)	(0.0055)	(0.0156)	(0.0167)	(0.0151)	(0.0078)	(0.0059)
KL	0.0019^{**}	0.0222^{***}	0.0321^{***}	0.0279^{***}	0.0246^{***}	0.0278^{***}	0.0123^{***}	0.0326^{***}	0.0329^{***}	0.0337^{***}
	(0.0008)	(0.0010)	(0.0006)	(0.0004)	(0.0004)	(0.0006)	(0.0009)	(0.0008)	(0.0004)	(0.0003)
Wage	-0.0084^{***}	-0.0114^{***}	-0.0102^{***}	-0.0064^{***}	-0.0031^{***}	-0.0104^{***}	-0.0083^{***}	-0.0086^{***}	-0.0045^{***}	-0.0014^{***}
	(0.0008)	(0.0009)	(0.0006)	(0.0004)	(0.0004)	(0.0005)	(0.0007)	(0.0006)	(0.0003)	(0.0003)
Age	-0.0115^{***}	-0.0178^{***}	-0.0121^{***}	-0.0033^{***}	-0.0035^{***}	-0.0094^{***}	-0.0123^{***}	-0.0104^{***}	-0.0037^{***}	−0.0003
	(0.0025)	(0.0029)	(0.0018)	(0.0012)	(0.0012)	(0.0014)	(0.0022)	(0.0020)	(0.0010)	(0.0008)
Export	-0.0079^{***}	−0.0022	0.0062^{***}	0.0117^{***}	0.0227^{***}	0.0008	-0.0031^{*}	0.0084^{***}	0.0200^{***}	0.0347^{***}
	(0.0020)	(0.0023)	(0.0014)	(0.0009)	(0.0009)	(0.0011)	(0.0018)	(0.0016)	(0.0008)	(0.0006)
SOE	-0.0270^{***}	-0.0247^{***}	-0.0147^{***}	-0.0114^{***}	-0.0080^{***}	-0.0166^{***}	-0.0195^{***}	-0.0160^{***}	-0.0081^{***}	-0.0039^{**}
	(0.0046)	(0.0054)	(0.0033)	(0.0022)	(0.0021)	(0.0030)	(0.0044)	(0.0040)	(0.0021)	(0.0016)
HHI	−0.0078	−0.0069	0.0225^{**}	0.0057	0.0143^{**}	0.0058	−0.0078	0.0046	−0.0096	0.0044
	(0.0140)	(0.0166)	(0.0102)	(0.0066)	(0.0065)	(0.0100)	(0.0130)	(0.0118)	(0.0061)	(0.0046)
控制变量	是	是	是	是	是	是	是	是	是	是
行业效应	是	是	是	是	是	是	是	是	是	是
N	18 444	18 444	18 444	18 444	18 444	18 444	18 444	18 444	18 444	18 444
Pseudo R^2	0.1857	0.2093	0.1539	0.1540	0.2132	0.1220	0.1188	0.2521	0.4500	0.6198

注：括号中是估计系数对应的标准误；*、**、***分别表示在10%、5%、1%的水平上显著。

为了排除单一成本加成率测算方法可能产生的测量偏误，表8-1第（6）—（10）列基于De Loecker和Warzynski（2012）的原始方法来测算企业成本加成率，可以看到，尽管与前5列的回归结果相比，实体企业“脱实向虚”的估计系数在显著性水平和系数大小上发生了一定变化，但主要研究结论未发生改变，特别是系数绝对值大小递减规律总体上依然成立。这再次说明了“脱实向虚”不仅会降低企业成本加成率，而且会改变成本加成率的分布状态。

8.4.2 “脱实向虚”对成本加成率离散度的影响

通过考察不同分位数下实体企业“脱实向虚”与成本加成率的关系，能够从侧面说明“脱实向虚”如何影响成本加成率离散度。接下来，本章正式检验“脱实向虚”对成本加成率离散度的影响效应，以说明金融与资源配置效率的关系。在表8-2第（1）列中，使用泰尔指数来测算成本加成率离散度。回归结果显示，在控制了影响行业资源配置效率的其他因素后，“脱实向虚”的估计系数在1%水平上正向显著，说明“脱实向虚”程度的上升会显著增大行业成本加成率离散度，进而加剧行业内的资源错配，这进一步验证了前文的理论分析。第（2）、（3）列进一步采用相对均值离差（RMD）和变异系数（CV）来衡量成本加成率离散度，结果显示“脱实向虚”的估计系数仍然保持正向显著，再次表明随着实体企业纷纷涉足金融投资，行业成本加成率离散度会不断扩大，不利于行业资源配置效率的改善，从具体数值来看，企业每增持1%的金融资产，成本加成率离散度会上升2.28%~4.72%。第（4）—（6）列基于$Markup_2$来测算成本加成率离散度，回归结果同样表明，行业平均金融资产投资份额的上升会带来成本加成率离散度的不断增大，因此，“脱实向虚”可能加剧行业资源错配的研究结论具有一定的稳健性。至此，研究假设8.1得到验证。以上结论的重要启示在于，决策部门在制定资源配置效率改善政策时，规范企业的金融投资行为可以作为重要政策抓手。

表8-2 **“脱实向虚”与行业成本加成率离散度**

	(1)	(2)	(3)	(4)	(5)	(6)
	lnMarkup_Disp			$lnMarkup_2$_Disp		
	Theil	RMD	CV	Theil	RMD	CV
Fin_ind	0.0228*** (0.0036)	0.0299*** (0.0044)	0.0472*** (0.0090)	0.0586* (0.0300)	0.0126*** (0.0027)	0.0088 (0.0167)
KL_ind	0.0001 (0.0009)	0.0010 (0.0011)	0.0024 (0.0023)	-0.0010 (0.0007)	-0.0004 (0.0007)	0.0010 (0.0042)
HHI	0.0004** (0.0002)	0.0004*** (0.0001)	0.0004** (0.0002)	0.0031 (0.0075)	0.0007* (0.0004)	0.0014*** (0.0004)
Age_ind	0.0002 (0.0002)	0.0006 (0.0004)	0.0003 (0.0004)	0.0004 (0.0005)	0.0011** (0.0005)	-0.0007 (0.0006)
SOE_share	0.0012*** (0.0004)	0.0020*** (0.0005)	0.0039*** (0.0011)	0.0076** (0.0036)	0.0014*** (0.0003)	0.0055*** (0.0020)
Num	-0.0002* (0.0001)	-0.0003* (0.0001)	-0.0002 (0.0003)	-0.0025** (0.0010)	-0.0002** (0.0001)	0.0005 (0.0016)
Wage_ind	-0.0002 (0.0003)	-0.0007** (0.0003)	-0.0010 (0.0007)	0.0006 (0.0012)	0.0002 (0.0005)	0.0002 (0.0007)
时间效应	是	是	是	是	是	是
行业效应	是	是	是	是	是	是
N	209	209	209	209	209	209
R^2	0.4419	0.4620	0.3888	0.6440	0.5487	0.6310

注：括号中是估计系数对应的标准误；*、**、***分别表示在10%、5%、1%的水平上显著。

8.4.3 稳健性检验

前文的回归结果初步支持“脱实向虚”会显著增加行业成本加成率离散度，进而降低资源配置效率的研究结论，为了进一步增强研究结论的可靠性，本章还从以下方面进行了稳健性检验。

1）内生性问题

本章对以上研究结论的一个担忧在于，“脱实向虚”与资源配置效率之间可能存在内生性问题。一方面，低资源配置效率行业的经营环境和经营效率较低，可能导致行业普遍性的金融资产投资行为，从而“脱实向虚”与资源配置效率存在双向因果关系。另一方面，尽管回归模型中尽可能纳入了影响资源配置效率的控制变量，但仍然会遗漏一些不可观测的异质性因素。这里，参考Lu和Yu（2015）、毛日昇等（2017）的研究思路，本章采用双重差分方法试图解决以上问题。2012年12月19日，中国证券监督管理委员会颁布了《上市公司监管指引第2号——上市公司募集资金管理和使用的监管要求》，指出上市公司可使用闲置募集资金投资安全性高、流动性好的金融产品，这引起实体企业“脱实向虚”程度在2012年后出现了显著提高（杜勇等，2017）。本章将2012年12月出台的企业金融投资范围调整视为外生政策冲击，建立了如下形式的双重差分模型：

$$\ln Markup\_Disp_{jt} = \beta_0 + \beta_1 Fin\_ind_{j2012} \times Post12_t + \beta_2 X'\theta + \gamma_j + \lambda_t + \varepsilon_{jt} \tag{8.12}$$

其中，j和t分别表示行业和年份。被解释变量lnMarkup_Disp为行业内企业间成本加成率离散度的对数。与毛日昇等（2017）的设定类似，Fin_ind_{j2012}表示在2012年及以前行业“脱实向虚”平均水平，可作为区分处理组和控制组的主要指标。$Post12_t$表示金融投资范围调整虚拟变量，2012年及以前的年份赋值为0，2021年以后的年份赋值为0。交互项的估计系数刻画了高“脱实向虚”行业（实验组）与低“脱实向虚”行业（对照组）在金融投资范围调整前后成本加成率离散度的变化情况，从而识别了“脱实向虚”的资源配置效应。其他控制变量的设定与式（8.6）保持一致。

表8-3第（1）—（3）列的回归结果显示，交互项（$Fin\_ind_{j2012} \times Post12_t$）的估计系数均为正，且至少通过10%水平的显著检验，表明相较于低“脱实向虚”行业（对照组），调整企业金融投资范围后“脱实向虚”程度的上升，会显著扩大高“脱实向虚”行业（实验组）的成本加成率离散度，进而加剧行业资源错配程度。第（3）—（6）列中，我们以De Loecker和Warzynski（2012）的原始方法来测算企业成本加成

率，交互项的估计系数依然基本显著为正，表明“脱实向虚”会引致行业成本加成率离散度扩大，加剧行业资源错配的研究结论具有一定的稳健性，假设8.1再次得到验证[①]。

表8-3 “脱实向虚”影响行业成本加成率离散度的双重差分估计结果

	(1)	(2)	(3)	(4)	(5)	(6)
	lnMarkup_Disp			$lnMarkup_2$_Disp		
	Theil	RMD	CV	Theil	RMD	CV
$Fin\_ind_{j2012} \times Post12_t$	0.0051***	0.0082*	0.0031**	0.0456	0.0072**	0.0400*
	(0.0018)	(0.0046)	(0.0015)	(0.0393)	(0.0037)	(0.0215)
KL_ind	-0.0007	-0.0001	0.0003	0.0007	-0.0001	0.0009
	(0.0010)	(0.0012)	(0.0002)	(0.0074)	(0.0001)	(0.0041)
HHI	0.0003***	0.0003***	0.0004**	0.0012*	0.0008	0.0014***
	(0.0001)	(0.0001)	(0.0002)	(0.0007)	(0.0007)	(0.0004)
Age_ind	0.0003	0.0007	0.0003	0.0007	0.0009	-0.0007
	(0.0002)	(0.0004)	(0.0002)	(0.0005)	(0.0005)	(0.0006)
SOE_share	0.0020***	0.0030***	0.0056***	0.0096***	0.0019***	0.0056***
	(0.0005)	(0.0006)	(0.0011)	(0.0035)	(0.0003)	(0.0019)
Num	-0.0003**	-0.0004**	-0.0004	-0.0023**	-0.0001	0.0005
	(0.0001)	(0.0002)	(0.0003)	(0.0010)	(0.0001)	(0.0016)
Wage_ind	-0.0003	-0.0009**	-0.0012	0.0022	0.0002	0.0002
	(0.0003)	(0.0004)	(0.0007)	(0.0059)	(0.0005)	(0.0008)
时间效应	是	是	是	是	是	是
行业效应	是	是	是	是	是	是
N	209	209	209	209	209	209
R^2	0.3031	0.3206	0.3288	0.6679	0.5276	0.6606

注：括号中是估计系数对应的标准误；*、**、***分别表示在10%、5%、1%的水平上显著。

① 受篇幅限制，双重差分法的平行趋势假定模型和检验结果未予以列示，留存备索。

2）实体企业“脱实向虚”的不同度量

在前文的回归中，我们把金融资产界定为交易性金融资产、买入返售金融资产、可供出售金融资产、投资到期投资、发放贷款及垫款净额几大类。这里参考宋军和陆旸（2015）、张成思和张步昙（2016）等的研究，我们将投资性房地产视为一种特殊的金融资产，并将其纳入实体企业“脱实向虚”的度量中，在此基础上重新考察了“脱实向虚”与成本加成率离散度的关系。表8-4的回归结果表明，将投资性房地产纳入“脱实向虚”的度量后，“脱实向虚”行为对行业资源配置效率基本上仍然存在显著的不利影响。因此，实体企业“脱实向虚”测量方式的改变并不会对本章的研究结论产生显著影响。

表8-4 “脱实向虚”与行业成本加成率离散度（更换解释变量）

	(1)	(2)	(3)	(4)	(5)	(6)
	lnMarkup_Disp			$lnMarkup_2$_Disp		
	Theil	RMD	CV	Theil	RMD	CV
Fin_ind	0.0209***	0.0054***	0.0093***	0.0413***	0.0076***	0.0092
	(0.0035)	(0.0026)	(0.0034)	(0.0157)	(0.0014)	(0.0088)
控制变量	是	是	是	是	是	是
时间效应	是	是	是	是	是	是
行业效应	是	是	是	是	是	是
N	209	209	209	209	209	209
R^2	0.4822	0.4647	0.3674	0.6374	0.5667	0.6323

注：括号中是估计系数对应的标准误；*、**、***分别表示在10%、5%、1%的水平上显著。

3）样本再构造

本章的研究对象是实体经济企业，前文的样本中也包含了社会服务业、传播与文化产业两个行业，然而，这两个行业均属于服务业范畴，其产品市场结构可能与其他物质生产行业存在一定差异，为了排除该因素对研究结论的影响，本章进一步剔除了社会服务业、传播与文化产业两个行业的样本，再对模型进行重新估计。表8-5的研究结果显示，“脱实向虚”的估计系数基本上保持正向显著，说明金融资产投资份额的上升会扩大成本加成率离散度，不利于提高资源配置效率的研究结论是稳健可靠的。

表8-5　**“脱实向虚”与行业成本加成率离散度（样本再构造）**

	(1)	(2)	(3)	(4)	(5)	(6)
	lnMarkup_Disp			$lnMarkup_2$_Disp		
	Theil	RMD	CV	Theil	RMD	CV
Fin_ind	0.0382** (0.0192)	0.0075* (0.0043)	0.0076 (0.0210)	0.0253** (0.0101)	0.0058*** (0.0012)	0.0069 (0.0078)
控制变量	是	是	是	是	是	是
时间效应	是	是	是	是	是	是
行业效应	是	是	是	是	是	是
N	187	187	187	187	187	187
R^2	0.4594	0.4974	0.5464	0.6549	0.6097	0.6445

注：括号中是估计系数对应的标准误；*、**、***分别表示在10%、5%、1%的水平上显著。

8.5　“脱实向虚”对行业资源配置效率的影响机制

以上内容检验了“脱实向虚”对成本加成率分布和成本加成率离散度的影响，并得到具有较强稳健性的研究结论：“脱实向虚”会改变行业内不同企业的成本加成率分布，扩大行业成本加成率离散度，不利于行业资源配置效率的改善。然而，“脱实向虚”引致行业资源错配的背后逻辑尚未得到系统验证。接下来，结合理论分析，我们从产品市场竞争和企业退出机制两个视角，探讨实体企业“脱实向虚”对行业资源配置效率的影响机制。

8.5.1　产品市场竞争

根据前文的理论分析，“脱实向虚”不仅可能导致个体企业“舍本逐末”，偏离主营业务经营，而且由于行业内部企业之间的互相传染，“脱实向虚”还可能诱使整个实体行业出现“空心化”现象，这严重削弱了行业产品市场竞争程度（黄贤环等，2018；张军等，2021），最终降低要素资源在行业内的流动性，不利于资源配置效率的改善。值得注意的是，从表8-2的回归结果可以看到，赫芬达尔-赫希曼指数HHI的估计系数基本显著为正，说明企业所在行业产品市场竞争越小，行业成本加成率离散度越大[①]。因此，这里只需考察“脱实向虚”是否真正减弱了产品市场竞争，为此，我们设定了如下的检验模型：

$$HHI_{jt} = \beta_0 + \beta_1 Fin\_ind_{jt} + X'\theta + \gamma_j + \lambda_t + \varepsilon_{jt} \tag{8.13}$$

其中，HHI_{jt}表示行业的产品市场竞争情况，本章以主营业务收入为基础，利用赫芬达尔-赫希曼指数来刻画行业产品市场竞争程度，该指标能够将企业主营业务与其他业务区分开来，便于我们将研究视角放在产品市场。核心解释变量Fin_ind为行业层面的金融资产平均投资份额，用行业金融资产投资总额占行业总资产的比重衡量。控制变量主要包括企业数量（Num）、资本密集程度（KL_ind）、国有经济比重（SOE_share）、行业年龄（Age_ind）等。

表8-6第（1）列的回归结果显示，“脱实向虚”系数为正且通过了5%水平的显著性检验，说明行业金融资产投资份额越高，该行业的赫芬达尔-赫希曼指数越大，产品市场竞争性相应越弱，即“脱实向虚”对产品市场竞争存在显著的抑制效应。表8-6第（2）列进一步将投资性房地产纳入“脱实向虚”的测算范畴，在此基础上重新考察了“脱实向虚”与产品市场竞争的关系，可以看到，“脱实向虚”的估计系数仍然显著为正，研究结论保持不变。总结起来，以上检验结果说明，产品市场竞争的弱化是“脱实向虚”引致资源错配的重要机制，假设8.2得到部分验证。

8.5.2 企业退出机制

前文的理论分析表明，“脱实向虚”还可能通过阻碍低成本加成率

---

① 本文采用赫芬达尔-赫希曼指数来刻画企业所在行业的产品市场竞争情况，指数越大表示产品市场竞争越小。

企业退出市场进而加剧资源错配。具体来看，尽管低成本加成率企业在主营业务上经营困难，面临着被市场淘汰的风险，但这些企业可能通过金融投机套利获得一定的短期超额收益，导致原本应被市场规则淘汰的低效企业得以继续存活，这阻碍了正常的优胜劣汰机制，不利于经济资源从低效企业向高效企业的重新配置。

为了检验该机制是否成立，严格地说，本章需要直接检验“脱实向虚”对企业退出行为的影响，然而遗憾的是，本章的研究是基于上市公司展开的，企业退市现象一般较为罕见。有鉴于此，我们通过检验如下两个问题从侧面说明企业退出机制未能得到有效发挥：其一，低成本加成率企业是否真的视“脱实向虚”为“救命稻草”，即低成本加成率企业是否更偏好金融投机套利。其二，低成本加成率企业是否真的通过“脱实向虚”“粉饰”了其财务报表，最终得以继续生存。

首先，采用如下模型识别成本加成率与金融投机套利的关系：

$$FinRT\_share_{ijt} = \beta_0 + \beta_1 \ln Markup_{ijt} + X'\theta + \nu_t + \lambda_j + \varepsilon_{ijt} \tag{8.14}$$

其中，FinRT_share表示企业金融利润占总利润的比重，可以衡量企业对金融投资的依赖程度。参考张成思和张步昙（2016），金融投资利润测算方式为：利息净收入+公允价值变动收益+汇兑收益+投资收益-对联营企业和合营企业的投资收益。关于影响企业金融利润占比的控制变量，本章主要纳入了企业年龄（Age）、企业所有制性质（SOE）、经营性现金流（Cash）、企业规模（Size）、资产负债率（Leverage）等变量。如果估计系数β_1显著小于0，则说明低成本加成率企业更偏好金融投机套利。

表8-6第（3）、（4）列分别使用Markup和Markup2作为核心解释变量，可以看到成本加成率的估计系数至少在10%水平上显著为负，说明低成本加成率企业的金融利润占比显著高于高成本加成率企业，也就是说，低成本加成率企业更倾向于通过金融投机来获利。可能的原因在于，低成本加成率企业在产品市场上盈利能力较差，不得不通过“脱实向虚”的方式，将经济资源大量配置于金融领域，使得企业对金融收益的依赖性日益增加。

表8-6 “脱实向虚”对行业资源配置效率的影响机制

	HHI		FinRT_share		ROA	CROA	ROA	CROA
	(1)	(2)	(3)	(4)	(5)	(6)	(7)	(8)
Fin_ind	0.3076** (0.1528)	0.4675*** (0.1643)						
lnMarkup			-0.7289* (0.3910)	-0.5237** (0.2597)				
Fin					0.0834* (0.0466)	-0.3527*** (0.1053)	-0.0207 (0.0382)	-0.0481 (0.1036)
控制变量	是	是	是	是	是	是	是	是
时间效应	是	是	是	是	是	是	是	是
行业效应	是	是	是	是	是	是	是	是
N	209	209	15 890	15 890	9 222	9 222	9 222	9 222
R^2	0.6882	0.4974	0.0849	0.1073	0.3833	0.4021	0.3021	0.3547

注：括号中是估计系数对应的标准误；*、**、***分别表示在10%、5%、1%的水平上显著。

其次，为了检验低成本加成率企业是否会借由“脱实向虚”为其财务报表“注水”，我们根据成本加成率中位数，将样本企业划分为“高成本加成率组”和“低成本加成率组”，并采用下列模型分别检验“脱实向虚”对企业主营业务利润率和总体利润率的影响：

$$ROA = \beta_0 + \beta_1 Fin_{ijt} + X'\theta + \nu_t + \lambda_j + \varepsilon_{ijt} \tag{8.15}$$

$$CROA = \beta_0 + \beta_1 Fin_{ijt} + X'\theta + \nu_t + \lambda_j + \varepsilon_{ijt} \tag{8.16}$$

其中，ROA、CROA分别表示总体利润率和主营业务利润率，参考谢富胜和匡晓璐（2020）的研究，总体利润率用利润总额/总资产衡量，主营业务利润率用营业利润/（固定资产+存货）衡量。控制变量主要包括：资本密集度（KL）、企业年龄（Age）、企业规模（Size）、企业所有制性质（SOE）、营业收入增长率（Growth）和资产负债率（Leverage）等。

表8-6第（5）、（6）列仅包含“低成本加成率组”的企业，回归结果表明，对于低成本加成率企业而言，“脱实向虚”在短期内对其总体利润率具有一定的改善作用，但却显著抑制了其主营业务利润率的提升。同时，表8-6第（7）、（8）列的回归结果显示，对高成本加成率企业而言，“脱实向虚”对其主营业务利润率和总体利润率的影响效应不够明显。这意味着，主业经营不善的低成本加成率企业可以通过金融投机获得一定的短期超额收益，掩饰其在主营业务上的经营困难，最终不会被市场所挤出。以上两步检验能够从侧面说明，“脱实向虚”通过阻碍低成本加成率企业退出市场进而加剧资源错配。至此，假设8.2得到验证。

值得注意的是，在检验企业退出机制的过程中，以下现象值得特别关注：低成本加成率企业在产品市场上利润率较低，更加倾向于配置金融资产进行投机套利，在获得一定金融投资收益的同时也进一步降低了主营业务盈利能力，而这又促使其配置更多金融资产，由此陷入“主营业务盈利能力降低→‘脱实向虚’程度上升→主营业务盈利能力进一步降低→‘脱实向虚’程度进一步上升→……”的恶性循环，随着金融投资收益在企业利润中占比的不断提高，企业最终形成金融投资的“路径依赖”，资金在虚拟经济中空转，导致实体企业和实体经济“空心化”，这对实体经济高质量发展尤为不利（黄贤环等，2018；谢富胜和匡晓璐；2020）。

8.6 本章小结

近年来，我国经济面临着较为严重的“脱实向虚”问题，在企业层面突出表现为，为了追逐短期超额收益，众多非金融类企业将大量持有资金配置于股市、房地产等金融领域，实体企业“脱实向虚”现象日益凸显。在这一现实背景下，本章以2007—2018年沪深A股非金融类上市公司为样本，立足于成本加成率离散度的视角，较为深入地研究了实体企业“脱实向虚”对行业资源配置效率的影响及其作用机理。

研究结论表明：（1）实体企业“脱实向虚”不仅降低了企业成本加成率，而且会改变成本加成率的分布状态。具体而言，“脱实向虚”对低分位点企业的抑制作用大于高分位点企业，使得二者的成本加成率差异趋于扩大。（2）行业成本加成率离散度会随着金融资产投资份额的上升而不断增大，说明实体企业“脱实向虚”可能加剧了行业资源错配，该结论在考虑内生性问题、更换“脱实向虚”度量方式、重新构造样本后均是稳健的。（3）从“脱实向虚”引致行业资源错配的机制来看，一方面，“脱实向虚”显著降低了产品市场竞争性，降低要素资源在行业内的流动性，不利于资源配置效率的改善；另一方面，“脱实向虚”阻碍了低成本加成率企业退出市场进而加剧资源错配。

根据上述研究结论，本章提出如下的政策建议：第一，由于“脱实向虚”可能带来企业成本加成率下降与资源配置扭曲的双重效率损失。因此，防治实体企业“脱实向虚”应作为优化资源配置效率和推动实体经济高质量发展的重要政策手段。决策部门应从信息披露、风险管理、企业内部控制等方面执行更为严格的监管要求，严格规范个体企业的金融投资行为，严密防控金融资源违规流向影子银行、房地产、衍生性复杂金融资产等领域，打击惩处金融投机、炒作行为，防止实体企业“脱实向虚”状况的进一步恶化。第二，引导社会资金由虚拟部门流向实体经济，推动形成竞争有序的产品市场环境，也是提高资源配置效率的可行举措。决策部门应继续加大减税、简政放权、提升金融服务效率等政策举措的实施力度，切实降低实体企业的经营成本，增加实体经济的利润空间；同时通过优化制度环境、完善机制保障等举措，推动形成竞争有序的产品市场环境，以此缓解“脱实向虚”通过弱化产品市场竞争引致的资源错配问题。第三，鉴于“脱实向虚”阻滞了低效企业的市场退出行为，导致正常的优胜劣汰机制难以有效发挥。为此，政府应充分发挥“有形之手”的作用，加强对重点行业和重点企业的风险稽查与风险评估，在破解无效金融资源供给的同时，对于经营效率低下、“以钱炒钱”和严重偏离主营业务的实体企业，应予以坚决惩处和清理，促进经济资源向高效企业持续流动，从而提升行业整体资源配置效率。

9 总结与政策启示

9.1 研究结论

近年来，随着我国经济步入“新常态”，经济发展方式已经由高速增长阶段向高质量发展阶段转变，其中高水平的实体经济是实现高质量发展的根基和主体。然而，当前我国实体经济的运行却面临着严峻的“脱实向虚”问题，在微观层面主要表现为，企业为了追逐短期超额收益，将大量持有资金配置于股市、房地产等金融领域，随之而来的是实体企业“脱实向虚”现象日益凸显。以企业金融化为代表的经济“脱实向虚”问题已经引起了决策部门的高度重视，党的十九大报告和相关政策文件多次强调“必须把发展经济的着力点放在实体经济上”“增强金融服务实体经济的能力”。在此背景下，深入了解实体企业“脱实向虚”的现状，剖析其形成原因并探究其经济效应，已经成为当前亟待研究的重要课题。

本书利用2007—2018年沪深A股非金融类上市公司的资产负债表

数据，构建了反映企业金融化演变动态的微观数据集，定量分析了实体企业“脱实向虚”的现状。在此基础上，首先，本书采用同伴效应模型从企业间传染因素、企业内部因素和宏观因素三个层面研究了实体企业“脱实向虚”的成因，并比较了各驱动因素的相对重要性。其次，鉴于同伴效应的重要性，本书专门研究了实体企业“脱实向虚”同伴效应的存在机制，并检验了实体企业“脱实向虚”的同伴效应是否存在资产异质性、非对称性和非理性风险，以此说明实体企业“脱实向虚”的同伴效应与实体部门经营风险的关系。再次，本书将研究视角转向实体企业“脱实向虚”的经济效应。从短期来看，利润是企业生存、开展生产活动的根本来源，而利润率则是反映企业经营状况的核心指标。在上述现实背景下，本书重点考察了“脱实向虚”如何影响企业利润率。从长期来看，企业的竞争优势主要取决于其产品市场竞争力，本书接下来对实体企业“脱实向虚”经济效应的考察聚焦在产品市场竞争力上。本书以成本加成率作为产品市场竞争力的代理，系统研究了实体企业“脱实向虚”对产品市场竞争力的影响，并从研发创新投入、企业生产率和融资成本多重视角出发检验了可能的作用机理。最后，本书将成本加成率离散度作为行业内资源错配的重要衡量指标，从中观层面的行业内资源配置效率角度考察了实体企业“脱实向虚”的经济效应。主要研究结论如下：

对实体企业“脱实向虚”的成因研究表明：首先，非金融类企业的金融资产投资总规模和进行金融化的企业数量大体呈现不断扩张趋势，实体企业“脱实向虚”趋势日益凸显。其次，企业间传染因素、企业内部因素和宏观因素三方面力量共同驱使中国实体企业走向“脱实向虚”，其中，同伴效应是至关重要的驱动因素；在企业内部因素中，财务杠杆率、股权集中度以及金融投资收益率和实体投资收益率之差是影响实体企业“脱实向虚”较为突出的三种因素；从宏观因素来看，广义货币M2和宏观经济周期的作用较为明显。再次，在金融资产价格上涨时，实体企业配置金融资产的倾向更为明显，而在金融市场表现不佳时，实体企业“脱实向虚”程度相对较轻，这也从侧面说明“投机”动机是实体企业“脱实向虚”的重要动机之一。

鉴于同伴效应在驱动实体企业“脱实向虚”化过程中尤为重要，本书对实体企业“脱实向虚”中的同伴效应现象进行了深入分析。本书发现学习效应是导致企业相互模仿的一个重要渠道，产品市场缺乏有效竞争也会引致企业模仿同伴企业的金融资产投资行为，此外，引入具有金融背景的管理层会迫使企业产生金融投资的路径依赖，并加剧金融投资中的竞相模仿行为。进一步，实体企业“脱实向虚”的同伴效应对实体部门经营风险的影响结果表明，首先，实体企业“脱实向虚”的同伴效应集中在投机性明显和风险较高的交易类金融资产和投资性房地产两类金融资产上，但在投机性不强且风险相对较弱的贷款和垫款类金融资产上，实体企业“脱实向虚”的同伴效应不甚明显。这种扎堆性地配置风险金融资产和投机性金融资产，是资本市场风险的重要源头，可能会带来实体经营风险的增加。其次，实体企业“脱实向虚”的同伴效应存在非对称性和非理性风险。具体表现在，当同伴企业增持金融资产时，企业的模仿行为十分明显，但当同伴企业减持金融资产时，这种模仿效应会明显减弱。此外，企业金融投资中的策略互动行为存在“逐顶竞赛”特征：当同伴企业“脱实向虚”程度相较于前一年出现明显增加时，企业同样倾向于采取增加自身金融化程度的模仿策略；但当同伴企业“脱实向虚”程度相较于前一年出现明显下降时，企业的反应并不敏感。这意味着企业金融投资中的非理性现象十分凸显，企业金融资产投资过程往往“逐升不逐降”，导致企业和整个经济系统的“脱实向虚”程度呈现不断上升的态势，这给金融部门和实体部门带来的潜在风险是不可忽视的。最后，实体企业“脱实向虚”的同伴效应不仅增加了企业主营业务亏损的可能性，同时加剧了企业主营业务收入的波动性，进而带来企业实体经营风险的增加。更为重要的是，由于风险在不同企业之间传染、扩散，上述同伴效应还增加了行业整体经营风险。

实体企业“脱实向虚”对企业利润率的影响结果表明，首先，尽管实体企业“脱实向虚”在短期内能够从一定程度上改善企业的总体利润率，但对主营业务利润率存在显著的抑制作用。也就是说，企业通过金融化进行跨市场套利，以达到给财务报表“注水”的目的，但是这种跨行业套利行为同时给企业主营业务的健康持续发展带来了隐患。其次，通过分析实体企业“脱实向虚”对利润率的长期影响发现，实体企业“脱实向虚”对总体利润率的改善作用是临时的、短暂的，这种改善作用难以长期持续。与之相比，实体企业“脱实向虚”对主营业务利润率的负向影响是持续的、长期的，企业当期进行的金融资产投资对未来的主营业务利润率仍存在持久的“挤出效应”。最后，我们还关注了宏观经济环境的作用，进一步考察了不同宏观经济环境如何影响实体企业“脱实向虚”与总体利润率之间的关系。研究发现，实体企业“脱实向虚”对总体利润率的改善作用在经济扩张期间将被“弱化”。另外，在金融市场和房地产价格上涨时，实体企业“脱实向虚”对总体利润率的改善作用更为明显，对主营业务利润率的抑制效应也更为明显，这也从侧面说明了实体企业“脱实向虚”的主要动机是追逐短期超额收益的“投机动机”。

实体企业“脱实向虚”对企业产品市场竞争力的影响结果表明，首先，总体而言，实体企业“脱实向虚”显著抑制了企业成本加成率，不利于企业产品市场竞争力的提升。上述结论在考虑内生性问题，改变解释变量的测度方式以及更换样本范围后，仍然是稳健的。其次，结合中国企业面临的特殊制度背景（所有制性质和政府补贴政策），实体企业“脱实向虚”对非国有企业、非补贴企业市场竞争力的提升尤为不利。而在政府补贴力度上处于天然劣势的民营企业、中小企业，往往是引领创新发展和保持经济活力的重要源泉，实体企业“脱实向虚”给企业带来的这种差异化影响值得关注。此外，实体企业“脱实向虚”对成本加成率的影响与企业的发展阶段紧密相关，实体企业“脱实向虚”的不利影响在企业成长期和衰退期更为明显。

对实业企业“脱实向虚”影响产品市场竞争力的作用机理的研究发现，首先，研发创新投入和企业生产率是理解实体企业“脱实向虚”与成本加成率二者关系的关键变量，然而融资成本的中介作用并未得到研究的证实。其中，实体企业“脱实向虚”显著“挤出”了企业研发创新投入和生产率，企业每增持1%的金融资产，研发创新投入将会下降2.22%，“挤出效应”十分明显；研发创新投入强度和生产率的提高能够显著提升企业成本加成率和产品市场竞争力；尽管企业融资成本的下降会明显促进成本加成率的提高，从而带来企业产品市场竞争力的提升，但企业金融未能给企业融资提供显著的成本优势。也就是说，实体企业“脱实向虚”的“成本降低效应”并不显著，实体企业“脱实向虚”的作用机理以“效率挤出效应”为主。

实体企业“脱实向虚”对行业资源配置效率的影响结果表明，首先，实体企业“脱实向虚”不仅降低了企业成本加成率，而且会改变成本加成率的分布状态。具体而言，实体企业“脱实向虚”对成本加成率的影响具有差异性，对低成本加成率企业的成本加成率抑制作用十分明显，对高成本加成率企业的压低幅度较小，这使得低成本加成率企业和高成本加成率企业之间的成本加成率离散度进一步扩大，进而加剧了资源错配。其次，实体企业“脱实向虚”程度的上升会显著增大行业成本加成率离散度，进而加剧行业内的资源错配。该结论在考虑内生性问题、更换“脱实向虚”度量方式、重新构造样本后均是稳健的。最后，从“脱实向虚”引致行业资源错配的机制来看，一方面，“脱实向虚”显著降低了产品市场竞争性，降低要素资源在行业内的流动性，不利于资源配置效率的改善；另一方面，“脱实向虚”阻碍了低成本加成率企业退出市场进而加剧了资源错配。

9.2 政策启示

本书的研究结论具有较为丰富的政策内涵，根据前文的研究结论，本书主要的政策建议如下：

9.2.1 提高实体经济的吸引力和利润空间

由于实体投资收益率相较于金融投资收益率偏低是实体企业“脱实向虚”趋势日益严重的重要形成机制，因此进一步提高实体经济的吸引力和利润空间显得尤为必要。相关决策部门应继续加大简政放权、减税降负、优化营商环境、培育实体经济创新动能、缓解实体企业融资约束相关政策举措的实施、执行力度，切实降低企业的行政成本、运营成本，增加实体经济的利润空间，引导社会资本流向实体经济。与此同时，积极调整产业结构，大力发展高新技术产业、先进制造业，结合人工智能、大数据技术对传统产业进行改造升级，进而提高实体企业的竞争力和盈利能力。党的十九大以来，习近平总书记多次强调，建设高质量的经济发展体系，必须把发展经济的着力点放在实体经济上。提高实体经济吸引力和利润空间，对于防治经济“脱实向虚”，促进实体经济持续健康发展，实现创新驱动发展，引领产业链由低端向中高端迈进具有十分重要的意义。

9.2.2 构建多层次监管体系，增强金融监管协作

由于企业内部因素、企业间传染因素和宏观因素在实体企业“脱实向虚”的形成过程中均扮演着重要角色。因而，对于实体企业“脱实向虚”的防治，应该意识到，来自国家层面监管机构的顶层制度设计不足以充分应对日益凸显的实体企业“脱实向虚”现状。各级政府、地方性监管机构、行业协会需要强化金融政策沟通以及金融监管协作，构建多层次监管体系和合作机制。一是，国家层面的监管机构需要充分结合经济运行态势、货币政策和财政政策的调控区间以及金融和房地产市场波动情况，从顶层制度上制定适宜的企业金融投资政策，发挥金融投资的“蓄水池”功能，严厉打击金融投机、炒作行为。不仅要规范个体企业的金融投资行为，还需要重视“脱实向虚”在企业之间的传染作用。二是，地方性监管机构应严格执行监管标准，并注重跨区域监管合作和政策反馈。在企业风险管理、企业内部控制、企业信息披露、资金流向数据收集等方面执行更为严格的监管要求；实施更高频率、更为深入、更为全面的风险稽查和风险评估。此外，地方性监管机构应就监管过程中的新问题、新思路与国家层面的监管机构保持沟通，并注意跨区域金融监管合作，警惕实体企业“脱实向虚”的跨区域传播。三是，行业协会要充分发挥监督、统计和研究的职能，协助各级监管机构实施和执行相关的监管政策，通过各类标准约束本行业的过度“脱实向虚”现象，对本行业中的盲目从众、模仿性的金融投资行为进行严格监督，并发挥好政府与企业之间的桥梁作用。

9.2.3 加强分类监管，完善预警体系建设

本书的研究还显示，实体企业“脱实向虚”同伴效应的发挥与企业市场地位、管理层过度自信和市场竞争程度密切相关，并且实体企业“脱实向虚”与企业利润率以及产品市场竞争力的关系受宏观经济环境、企业所有权性质、政府补贴政策、企业发展阶段的影响。这意味着监管政策不能搞“一刀切”，应充分结合企业特征与宏观经济环境制定，实施因地制宜的监管政策。主要政策有：第一，要有效甄别企业金融资产投资的动机与目的。对于为了支持主业发展而进行的金融投资，在风险可控的前提下，应予以支持。同时，对于进行金融投资的企业应加强监管，并建立相应的预警机制。第二，鉴于实体企业“脱实向虚”对成本加成率的影响具有异质性特征，这从监管对象和监管期间上为决策部门的工作重点提供了一定的参考，决策部门需要特别加强对非国有企业、低补贴强度企业的监管，以避免实体企业“脱实向虚”的负面影响在这些企业中集中爆发。此外，在经济收缩以及股市房市繁荣期间，决策部门也需要适度强化监管力度。第三，鉴于产品市场竞争程度、企业市场地位和管理层过度自信相关因素显著影响着同伴效应的发挥，监管部门需要特别加强对高金融收益、管理层过度自信相关企业的监管，以避免非理性行为在这些企业中集中爆发。另外，努力营造一个竞争有序的产品市场环境，也是制约风险扩散的一种可行性举措。

9.2.4 更好地发挥金融服务实体经济功能

金融和实体经济是休戚与共的关系，服务实体经济是金融的本源功能。本书的研究结论表明，实体企业“脱实向虚”对产品市场竞争力、研发创新和生产率产生了一定的不利影响，但这并不意味着对企业金融投资的一味否定，而是要实现金融与实体经济之间的良性循环，更好地发挥金融服务实体经济的能力。具体而言，一是要完善资本市场、加快金融体制改革、强化金融创新、提高金融服务效率，以此降低金融资产价格波动、降低实体企业融资成本，充分利用现代金融体系，为实体经济的发展壮大提供动力支撑。二是加强对新兴产业和高科技产业的融资

支持，利用公共部门的信息优势和专业优势，完善企业评价体系，做出前瞻性、科学性评估，选取一部分代表未来科技发展方向的行业和企业进行重点支持。但对于产业链低端、产能过剩严重、环境污染不达标、主营业务经营不善的夕阳产业和“僵尸”企业，持续性输血会破坏正常的市场竞争机制，因此，对这部分企业的金融支持要保持谨慎态度。三是有效缓解实体企业的融资难、融资贵问题，加大对中小企业的融资支持。近年来在全球经济衰退和新冠肺炎疫情的冲击下，众多专注于主营业务、技术先进、产品有市场的小微企业出现资金困难，这部分企业遇到的困难并未是经营不善引起的，而是由国际、国内宏观经济环境的变化导致的。应结合大数据、金融科技、人工智能等先进技术，为小微企业提供精准、差异化和便捷的融资服务，通过降利率、减少收费等新形式为实体企业“减负”，缓解融资贵问题。

9.2.5 防范化解实体企业“脱实向虚”的潜在风险

金融领域的诸多研究认为“羊群效应”可能是群体性“非理性”的重要体现，是造成资本市场风险的重要逻辑。本书发现实体企业“脱实向虚”的同伴效应可能助长了盲目跟风、从众和资产炒作等诸多非理性行为，使得企业容易出现过度“脱实向虚”的倾向，进而增加了企业自身的经营风险，而且由于风险在不同企业之间传染、扩散，上述同伴效应还可能引致系统性风险的积聚。这就要求监管部门注意密切防范化解“脱实向虚”风险，一是监管部门需要对实体企业资金的流向和规模进行重点监测，密切关注金融市场环境的变化，严密监管实体企业资金流向房地产市场、股票市场，特别是委托贷款、影子银行等重点领域的金融投资。谨防实体企业、重点行业、重点地区的过度“脱实向虚”现象。二是充分发挥实体企业“脱实向虚”的“蓄水池”功能，促使金融资产投资回归服务实体经济这一本源，打击遏制投机炒作行为，确保企业金融资产持有比重位于合理可控区间，规范资金用途，强化资金管理，落实风险监测评估，筛查风险隐患，健全风险应急预案，妥善处置各种金融投机风险突发事件，进而降低企业发生经营风险的概率。三是在经济下行压力趋紧的背景下，来自单一机构的区域性、系统性影响上升明显，风险存在显著的传染性和外溢性特征。因此，监管部门要注意金融风险的传染扩散，重点防范系统性风险。应加快健全完备的资金流动监管体系，警惕金融投资风险跨企业、跨行业、跨区域传播扩散，防止金融投资风险对金融部门乃至实体经济造成巨大冲击。

9.2.6 增强金融资源配置效率

本书的研究结论还显示实体企业“脱实向虚”程度的不断上升可能带来资源配置效率的下降，主要逻辑在于实体企业“脱实向虚”将削弱低效率企业的市场竞争力，而这部分企业可能依靠金融投机得以延续，这体现为一种金融资源的错配。如何有效引导金融资源的流向从而提高金融资源配置效率显得尤为重要。一是从制度安排、监管体系建设、结构改革多个角度提高金融资源的使用效率，重点是推进金融资源的供给侧结构性改革，增强金融资源供给满足实体经济需求的能力，严密防控金融资源违规流向影子银行、房地产、衍生性复杂金融资产、委托贷款等领域，警惕系统性金融风险，促进实体经济和金融的双向持续健康发展。二是破解金融体系内部的无效金融资源供给。实体企业“脱实向虚”的一个重要表现是“资金空转”现象突出，资金在金融体系内部循环，通过期限错配、杠杆投资来进行跨市场套利，金融资源并没有真正注入到实体经济之中。因此，需要严厉遏制打击资金空转和违规交叉套利行为。三是鉴于金融化阻滞了低效企业的市场退出行为，导致正常的优胜劣汰机制难以有效发挥，政府应充分发挥“有形之手”的作用，加强对重点行业和重点企业的风险稽查与风险评估，在破解无效金融资源供给的同时，对于经营效率低下、“以钱炒钱”和严重偏离主营业务的实体企业，应予以坚决惩处和清理，促进经济资源向高效企业持续流动，从而提升行业整体资源配置效率。

参考文献

[1] 蔡昉. 生产率、新动能与制造业——中国经济如何提高资源重新配置效率 [J]. 中国工业经济, 2021 (5): 5-18.

[2] 陈磊, 张军. 金砖国家经济周期协同性及其传导机制 [J]. 数量经济技术经济研究, 2017, 34 (3): 95-111.

[3] 戴静, 刘贯春, 许传华, 等. 金融部门人力资本配置与实体企业金融资产投资 [J]. 财贸经济, 2020, 41 (4): 35-49.

[4] 邓慧慧, 赵家羚. 地方政府经济决策中的"同群效应" [J]. 中国工业经济, 2018 (4): 59-78.

[5] 邓建平, 曾勇. 金融关联能否缓解民营企业的融资约束 [J]. 金融研究, 2011 (8): 78-92.

[6] 杜勇, 邓旭. 中国式融资融券与企业金融化——基于分批扩容的准自然实验 [J]. 财贸经济, 2020, 41 (2): 69-83.

[7] 杜勇, 张欢, 陈建英. 金融化对实体企业未来主业发展的影响: 促进还是抑制 [J]. 中国工业经济, 2017 (12): 113-131.

[8] 段军山, 庄旭东. 金融投资行为与企业技术创新——动机分析与经验证据 [J]. 中国工业经济, 2021 (1): 155-173.

[9] 傅超, 杨曾, 傅代国. "同伴效应"影响了企业的并购商誉吗? ——基于我国创业板高溢价并购的经验证据 [J]. 中国软科学, 2015 (11): 94-108.

[10] 付剑茹, 吴程灵. 背景风险、家庭农场特征与风险金融资产投资 [J]. 投资研究, 2019, 38 (7): 51-65.

[11] 高峰. 金融化全球化的垄断资本主义与全球性金融—经济危机 [J]. 国外理论动态，2011 (12): 39-45.

[12] 龚关，胡关亮. 中国制造业资源配置效率与全要素生产率 [J]. 经济研究，2013，48 (4): 4-15.

[13] 顾雷雷，郭建鸾，王鸿宇. 企业社会责任、融资约束与企业金融化 [J]. 金融研究，2020 (2): 109-127.

[14] 胡海峰，窦斌，王爱萍. 企业金融化与生产效率 [J]. 世界经济，2020，43 (1): 70-96.

[15] 胡奕明，王雪婷，张瑾. 金融资产配置动机:“蓄水池”或“替代”? ——来自中国上市公司的证据 [J]. 经济研究，2017，52 (1): 181-194.

[16] 黄奇帆. 美国政府债务的演变格局和风险含义——金融危机十周年反思 [J]. 探索与争鸣，2018 (11): 4-7，115.

[17] 黄群慧. 论新时期中国实体经济的发展 [J]. 中国工业经济，2017 (9): 5-24.

[18] 黄先海，金泽成，余林徽. 出口、创新与企业加成率: 基于要素密集度的考量 [J]. 世界经济，2018，41 (5): 125-146.

[19] 黄先海，诸竹君，宋学印. 中国中间品进口企业“低加成率之谜” [J]. 管理世界，2016 (7): 23-35.

[20] 黄贤环，吴秋生，王瑶. 金融资产配置与企业财务风险:“未雨绸缪”还是“舍本逐末” [J]. 财经研究，2018，44 (12): 100-112，125.

[21] 贾珅，申广军. 企业风险与劳动收入份额: 来自中国工业部门的证据 [J]. 经济研究，2016，51 (5): 116-129.

[22] 简泽. 企业间的生产率差异、资源再配置与制造业部门的生产率 [J]. 管理世界，2011 (5): 11-23.

[23] 姜付秀. 我国上市公司多元化经营的决定因素研究 [J]. 管理世界，2006 (5): 128-135.

[24] 江龙，刘笑松. 经济周期波动与上市公司现金持有行为研究 [J]. 会计研究，2011 (9): 40-46.

[25] 江轩宇，许年行. 企业过度投资与股价崩盘风险 [J]. 金融研究，2015 (8): 141-158.

[26] 解维敏，方红星. 金融发展、融资约束与企业研发投入 [J]. 金融研究，2011 (5): 171-183.

[27] 解维敏.“脱虚向实”与建设创新型国家: 践行十九大报告精神 [J]. 世界经济，2018，41 (8): 3-25.

[28] 金刚，沈坤荣. 以邻为壑还是以邻为伴? ——环境规制执行互动与城市生

产率增长 [J]. 管理世界，2018，34 (12)：43-55.

[29] 金祥荣，李旭超，鲁建坤. 僵尸企业的负外部性：税负竞争与正常企业逃税 [J]. 经济研究，2019，54 (12)：70-85.

[30] 靳来群. 所有制歧视所致金融资源错配程度分析 [J]. 经济学动态，2015 (6)：36-44.

[31] 鞠晓生，卢荻，虞义华. 融资约束、营运资本管理与企业创新可持续性 [J]. 经济研究，2013，48 (1)：4-16.

[32] 孔东民，徐茗丽，孔高文. 企业内部薪酬差距与创新 [J]. 经济研究，2017，52 (10)：144-157.

[33] 李建军，韩珣. 非金融企业影子银行化与经营风险 [J]. 经济研究，2019，54 (8)：21-35.

[34] 李兰冰，阎丽，黄玖立. 交通基础设施通达性与非中心城市制造业成长：市场势力、生产率及其配置效率 [J]. 经济研究，2019，54 (12)：182-197.

[35] 李明，赵旭杰，冯强. 经济波动中的中国地方政府与企业税负：以企业所得税为例 [J]. 世界经济，2016，39 (11)：104-125.

[36] 李文贵，余明桂. 所有权性质、市场化进程与企业风险承担 [J]. 中国工业经济，2012 (12)：115-127.

[37] 刘贯春. 金融资产配置与企业研发创新："挤出"还是"挤入"[J]. 统计研究，2017，34 (7)：49-61.

[38] 刘啟仁，黄建忠. 人民币汇率、依市场定价与资源配置效率 [J]. 经济研究，2016，51 (12)：18-31.

[39] 刘啟仁，黄建忠. 企业税负如何影响资源配置效率 [J]. 世界经济，2018，41 (1)：78-100.

[40] 刘竹青，盛丹. 人民币汇率、成本加成率分布与我国制造业的资源配置 [J]. 金融研究，2017 (7)：1-15.

[41] 鲁桐，党印. 公司治理与技术创新：分行业比较 [J]. 经济研究，2014，49 (6)：115-128.

[42] 陆蓉，常维. 近墨者黑：上市公司违规行为的"同群效应"[J]. 金融研究，2018 (8)：172-189.

[43] 陆蓉，王策，邓鸣茂. 我国上市公司资本结构"同群效应"研究 [J]. 经济管理，2017，39 (1)：181-194.

[44] 陆瑶，胡江燕. CEO与董事间的"老乡"关系对我国上市公司风险水平的影响 [J]. 管理世界，2014 (3)：131-138.

[45] 罗党论，廖俊平，王珏. 地方官员变更与企业风险——基于中国上市公司

的经验证据［J］．经济研究，2016，51（5）：130-142.

［46］毛其淋，许家云．跨国公司进入与中国本土企业成本加成——基于水平溢出与产业关联的实证研究［J］．管理世界，2016（9）：12-32，187.

［47］毛日昇，余林徽，武岩．人民币实际汇率变动对资源配置效率影响的研究［J］．世界经济，2017，40（4）：29-54.

［48］倪骁然，朱玉杰．卖空压力影响企业的风险行为吗？——来自A股市场的经验证据［J］．经济学（季刊），2017，16（3）：1173-1198.

［49］聂辉华，阮睿，沈吉．企业不确定性感知、投资决策和金融资产配置［J］．世界经济，2020，43（6）：77-98.

［50］聂辉华，贾瑞雪．中国制造业企业生产率与资源误置［J］．世界经济，2011，34（7）：27-42.

［51］聂辉华，江艇，杨汝岱．中国工业企业数据库的使用现状和潜在问题［J］．世界经济，2012，35（5）：142-158.

［52］彭俞超，韩珣，李建军．经济政策不确定性与企业金融化［J］．中国工业经济，2018（1）：137-155.

［53］彭俞超，倪骁然，沈吉．企业“脱实向虚”与金融市场稳定——基于股价崩盘风险的视角［J］．经济研究，2018，53（10）：50-66.

［54］彭俞超，黄志刚．经济“脱实向虚”的成因与治理：理解十九大金融体制改革［J］．世界经济，2018，41（9）：3-25.

［55］戚聿东，张任之．金融资产配置对企业价值影响的实证研究［J］．财贸经济，2018，39（5）：38-52.

［56］钱学锋，潘莹，毛海涛．出口退税、企业成本加成与资源误置［J］．世界经济，2015，38（8）：80-106.

［57］屈文洲，谢雅璐，叶玉妹．信息不对称、融资约束与投资—现金流敏感性——基于市场微观结构理论的实证研究［J］．经济研究，2011，46（6）：105-117.

［58］任曙明，张静．补贴、寻租成本与加成率——基于中国装备制造企业的实证研究［J］．管理世界，2013（10）：118-129.

［59］盛丹，王永进．中国企业低价出口之谜——基于企业加成率的视角［J］．管理世界，2012（5）：8-23.

［60］盛丹，张国峰．开发区与企业成本加成率分布［J］．经济学（季刊），2018，17（1）：299-332.

［61］宋军，陆旸．非货币金融资产和经营收益率的U形关系——来自我国上市非金融公司的金融化证据［J］．金融研究，2015（6）：111-127.

［62］苏冬蔚，曾海舰．宏观经济因素与公司资本结构变动［J］．经济研究，

2009，44（12）：52-65.

[63] 苏冬蔚，毛建辉．股市过度投机与中国实体经济：理论与实证［J］．经济研究，2019，54（10）：152-166.

[64] 李建军，韩珣．非金融企业影子银行化与经营风险［J］．经济研究，2019，54（8）：21-35.

[65] 万良勇，梁婵娟，饶静．上市公司并购决策的行业同群效应研究［J］．南开管理评论，2016，19（3）：40-50.

[66] 王红建，李茫茫，汤泰劼．实体企业跨行业套利的驱动因素及其对创新的影响［J］．中国工业经济，2016（11）：73-89.

[67] 巫强，刘志彪．进口国质量管制条件下的出口国企业创新与产业升级［J］．管理世界，2007（2）：53-60+172.

[68] 谢富胜，匡晓璐．制造业企业扩大金融活动能够提升利润率吗？——以中国A股上市制造业企业为例［J］．管理世界，2020，36（12）：13-28.

[69] 闫海洲，陈百助．产业上市公司的金融资产：市场效应与持有动机［J］．经济研究，2018，53（7）：152-166.

[70] 杨海生，柳建华，连玉君，等．企业投资决策中的同行效应研究：模仿与学习［J］．经济学（季刊），2020，19（4）：1375-1400.

[71] 易志高，李心丹，潘子成，等．公司高管减持同伴效应与股价崩盘风险研究［J］．经济研究，2019，54（11）：54-70.

[72] 余明桂，李文贵，潘红波．民营化、产权保护与企业风险承担［J］．经济研究，2013，48（9）：112-124.

[73] 张成思．金融化的逻辑与反思［J］．经济研究，2019，54（11）：4-20.

[74] 张成思，张步昙．中国实业投资率下降之谜：经济金融化视角［J］．经济研究，2016，51（12）：32-46.

[75] 张成思，郑宁．中国非金融企业的金融投资行为影响机制研究［J］．世界经济，2018，41（12）：3-24.

[76] 张军，周亚虹，于晓宇．企业金融化的同伴效应与实体部门经营风险［J］．财贸经济，2021，42（8）：67-80.

[77] 赵瑞丽，孙楚仁，陈勇兵．最低工资与企业价格加成［J］．世界经济，2018，41（2）：121-144.

[78] ACKERBERG D A，CAVES K，FRAZER G. Identification properties of recent production function estimators［J］．Econometrica，2015，83（6）：2411-2451.

[79] ALBUQUERQUE A. Peer firms in relative performance evaluation［J］．Journal of Accounting and Economics，2009，48（1）：69-89.

[80] ALMEIDA H, CAMPELLO M, WEISBACH M S. The cash flow sensitivity of cash [J]. The Journal of Finance, 2004, 59 (4): 1777-1804.

[81] ANDERSON R C, MANSI S A, REEB D M. Board characteristics, accounting report integrity, and the cost of debt [J]. Journal of Accounting and Economics, 2004, 37 (3): 315-342.

[82] ARCAND J L, BERKES E, PANIZZA U.Too much finance? [J]. Journal of Economic Growth, 2015, 20 (2): 105-148.

[83] BIRD A, EDWARDS A, RUCHTI T G.Taxes and peer effects [J]. The Accounting Review, 2018, 93 (5): 97-117.

[84] BIZJAK J M, LEMMON M L, NAVEEN L.Does the use of peer groups contribute to higher pay and less efficient compensation? [J]. Journal of Financial Economics, 2008, 90 (2): 152-168.

[85] BLOOM N, SADUN R, VAN REENEN J.Americans do IT better: US multinationals and the productivity miracle [J]. American Economic Review, 2012, 102 (1): 167-201.

[86] BRANDT L, VAN BIESEBROECK J, WANG L, et al.WTO accession and performance of Chinese manufacturing firms [J]. American Economic Review, 2017, 107 (9): 2784-2820.

[87] BRETON A.Competitive governments: an economic theory of politics and public finance [M]. Cambridge: Cambridge University Press, 1998.

[88] BURSZTYN L, EDERER F, FERMAN B, et al. Understanding mechanisms underlying peer effects: evidence from a field experiment on financial decisions [J]. Econometrica, 2014, 82 (4): 1273-1301.

[89] CABALLERO R J, KRISHNAMURTHY A. Bubbles and capital flow volatility: causes and risk management [J]. Journal of Monetary Economics, 2006, 53 (1): 35-53.

[90] CAI H, CHEN Y, FANG H.Observational learning: evidence from a randomized natural field experiment [J]. American Economic Review, 2009, 99 (3): 864-82.

[91] CAO J, LIANG H, ZHAN X.Peer effects of corporate social responsibility [J]. Management Science, 2019, 65 (12): 5487-5503.

[92] CIRERA X, MARIN A, MARKWALD R.Explaining export diversification through firm innovation decisions: the case of Brazil [J]. Research

Policy, 2015, 44 (10): 1962-1973.

[93] DE LOECKER J, GOLDBERG P K, KHANDELWAL A K, et al.Prices, markups, and trade reform [J]. Econometrica, 2016, 84 (2): 445-510.

[94] DE LOECKER J, WARZYNSKI F.Markups and firm-level export status [J]. American Economic Review, 2012, 102 (6): 2437-2471.

[95] DEIDDA L, FATTOUH B.Non-linearity between finance and growth [J]. Economics Letters, 2002, 74 (3): 339-345.

[96] DEMIR F.Financial liberalization, private investment and portfolio choice: financialization of real sectors in emerging markets [J]. Journal of Development Economics, 2009, 88 (2): 314-324.

[97] DORASZELSKI U, JAUMANDREU J.R&D and productivity: estimating endogenous productivity [J]. Review of Economic Studies, 2013, 80 (4): 1338-1383.

[98] DUCHIN R, GILBERT T, HARFORD J, et al.Precautionary savings with risky assets: when cash is not cash [J]. The Journal of Finance, 2017, 72 (2): 793-852.

[99] EDMOND C. Information manipulation, coordination, and regime change [J]. Review of Economic Studies, 2013, 80 (4): 1422-1458.

[100] EDMOND C, MIDRIGAN V, XU D Y.Competition, markups, and the gains from international trade [J]. American Economic Review, 2015, 105 (10): 3183-3221.

[101] EISFELDT A L, PAPANIKOLAOU D.Organization capital and the cross-section of expected returns [J]. The Journal of Finance, 2013, 68 (4): 1365-1406.

[102] EPIFANI P, GANCIA G.Trade, markup heterogeneity and misallocations [J]. Journal of International Economics, 2011, 83 (1): 1-13.

[103] FAN H, GAO X, LI Y A, et al.Trade liberalization and markups: Micro evidence from China [J]. Journal of Comparative Economics, 2018, 46 (1): 103-130.

[104] FOUCAULT T, FRESARD L.Learning from peers'stock prices and corporate investment [J]. Journal of Financial Economics, 2014, 111 (3): 554-577.

[105] FRACASSI C. Corporate finance policies and social networks [J].

Management Science，2017，63（8）：2420-2438.

[106] FRANCIS B，HASAN I，MANI S，et al. Relative peer quality and firm performance [J]. Journal of Financial Economics，2016，122（1）：196-219.

[107] GLAESER E L，SACERDOTE B，SCHEINKMAN J A. Crime and social interactions [J]. The Quarterly Journal of Economics，1996，111（2）：507-548.

[108] GREENWOOD J，JOVANOVIC B. Accounting for growth [J]. New Developments in Productivity Analysis，2001，22：1-55.

[109] GRENNAN J. Dividend payments as a response to peer influence [J]. Journal of Financial Economics，2019，131（3）：549-570.

[110] HALL B H. The financing of research and development [J]. Oxford review of economic policy，2002，18（1）：35-51.

[111] HSIEH C T，KLENOW P J. Misallocation and manufacturing TFP in China and India [J]. The Quarterly Journal of Economics，2009，124（4）：1403-1448.

[112] JOHN K，LITOV L，YEUNG B. Corporate governance and risk-taking [J]. The Journal of finance，2008，63（4）：1679-1728.

[113] KAUSTIA M，RANTALA V. Social learning and corporate peer effects [J]. Journal of Financial Economics，2015，117（3）：653-669.

[114] KHANNA T，YAFEH Y. Business groups in emerging markets：paragons or parasites? [J]. Journal of Economic Literature，2007，45（2）：331-372.

[115] KINI O，WILLIAMS R. Tournament incentives，firm risk，and corporate policies [J]. Journal of Financial Economics，2012，103（2）：350-376.

[116] KOENKER R，BASSETT JR G. Regression quantiles [J]. Econometrica，1978（46）：33-50.

[117] KONISKY D M. Regulatory competition and environmental enforcement：is there a race to the bottom? [J]. American Journal of Political Science，2007，51（4）：853-872.

[118] LU Y，YU L. Trade liberalization and markup dispersion：evidence from China's WTO accession [J]. American Economic Journal：Applied Economics，2015，7（4）：221-53.

[119] MELITZ M J，OTTAVIANO G I P. Market size，trade，and productivity

[J]. The Review of Economic Studies, 2008, 75 (1): 295-316.

[120] OPP M M, PARLOUR C A, Walden J. Markup cycles, dynamic misallocation, and amplification [J]. Journal of Economic Theory, 2014, 154: 126-161.

[121] ORHANGAZI Ö. Financialisation and capital accumulation in the non-financial corporate sector: a theoretical and empirical investigation on the US economy: 1973-2003 [J]. Cambridge Journal of Economics, 2008, 32 (6): 863-886.

[122] SHUE K. Executive networks and firm policies: evidence from the random assignment of MBA peers [J]. The Review of Financial Studies, 2013, 26 (6): 1401-1442.

[123] SILVA A F. Strategic liquidity mismatch and financial sector stability [J]. The Review of Financial Studies, 2019, 32 (12): 4696-4733.

[124] STIEBALE J, VENCAPPA D. Acquisitions, markups, efficiency, and product quality: evidence from India [J]. Journal of International Economics, 2018, 112: 70-87.

[125] WARUSAWITHARANA M. Research and development, profits, and firm value: a structural estimation [J]. Quantitative Economics, 2015, 6 (2): 531-565.

索引

The Measurement, Causes and Economic Effects of Transforming from Substantial to Fictitious of China's Non-financial Firms

中国实体企业“脱实向虚”的测度、成因分析与经济效应研究

张 军 ◎ 著

ISBN 978-7-5654-4714-3

定价: 56.00元